**Oliver Kalkofe,**
geboren 1965 in Hannover, aufgewachsen in Peine,
studierte der gelernte Fremdsprachenkorrespondent Publizistik,
Anglistik und Germanistik in Münster.
Den ersten passenden Rahmen für sein humoristisches Talent
fand er in der sonntäglichen Kultshow „Frühstyxradio"
bei Radio ffn in Niedersachsen, wo er unter anderem Figuren wie
dem schmierigen Märchenerzähler „Onkel Hotte" das Leben schenkte.
Für sein Lieblingsmedium Fernsehen schuf Kalkofe die
preisgekrönte TV-Satire „Kalkofes Mattscheibe".
Im Kino landete er mit den Edgar Wallace-Parodien „Der WiXXer"
und „Neues vom WiXXer" zwei Überraschungs-Hits.
Für die Programmzeitschrift „TV Spielfilm" verfasst Oliver Kalkofe
14-täglich seine medienkritische Kolumne „Kalkofes letzte Worte".

**Fotos:**
@PROMINENCE FOR CHARITY
www.prominence-for-charity.de
Ein Projekt der CMC – CREATIV MEDIA COOPERATE
www.creativmedia.de
und Holger Rauner, www.rauner-holger.de

© 2008 Lappan Verlag GmbH
Postfach 3407 · 26024 Oldenburg
**www.lappan.de**
Gesamtherstellung:
Druckerei Theiss GmbH · Printed in Austria
ISBN 978-3-8303-3169-8

# KALKOFES LETZTE WORTE

## »Geschafft!
## Wir sind blöd!«

LAPPAN

# DAS WORT
# VOR DEN WORTEN

Ein Vorwort zu schreiben ist nie ganz einfach, vor allem dann, wenn man es gewohnt ist, immer die „Letzten Worte" zu haben. Womit allerdings jedes sonstige Wort rein rechnerisch ohnehin zum Vorwort wird. Aber so ein richtig offizielles Vorwort muss nun mal sein am Anfang eines richtig offiziellen Buchs, und einer muss es ja machen.

Außerdem ist es einfach nötig, um dem dicken Leser und der bezaubernden Leserin zu erklären, was das hier überhaupt ist. Wie bereits erwähnt, handelt es sich bei dem Objekt in Händen um ein „Buch". Die Älteren erinnern sich vielleicht noch. Früher gab es jede Menge davon, die meisten Menschen hatten sie sogar zu Hause und stopften mit ihnen die Schrankwände voll, damit die Regalböden nicht zu sehr verstaubten. Die Jüngeren kennen Bücher höchstens noch aus der Schule, weil man da sehr gut Messer drin verstecken kann. Der Fairness halber muss aber erwähnt werden, dass man sie weder an PC oder Playstation anschließen noch als Klingelton runterladen kann.

Wozu also überhaupt dieses Buch? Wo man das hier so großzügig verschwendete Papier doch auch sinnvoll mit mehrsprachigen Gebrauchsanweisungen für elektrische Eierkocher oder GEZ-Nachzahlungsformulare hätte bedrucken können? Nun, dieses kleine Meisterwerk der Weltliteratur soll einen kleinen eitlen Abriss meines schriftlichen Schaffens für die Nachwelt darstellen und dabei auch ein bisschen was hermachen. Eine bescheidene Sammlung poetisch-besinnlicher Texte rund um die zweitschönste Sache der Welt: das Fernsehen. Bei den meisten davon handelt es sich um ausgewählte Kolumnen aus der TV SPIELFILM, quasi ein Best of KALKOFES LETZTE WORTE der vergangenen Jahre, handverlesen, mundgeblasen, ungekürzt, höchstens verlängert, aktualisiert, lackiert, verspoilert, gepimpt und mit Goldkettchen. Dazu als Bonus noch einige Veröffentlichungen aus anderen Publikationen, wie zum Beispiel gleich als Einstieg die viel beachtete KREATIVE QUERSCHNITTSLÄHMUNG aus dem SPIEGEL als universelle Generalabrechnung mit dem derzeitigen Fernsehgeschehen in unserem Land. Ein Text, auf den ich wahrscheinlich mehr positive Resonanz erhielt als jemals zuvor, auch und vor allem von zahlreichen Kollegen aus dem Medienbereich. Traurigerweise jedoch auch immer wieder mit Sätzen wie „Ja, stimmt hundertprozentig, ganz genau, aber leider können wir daran nichts ändern". – was befürchten lässt, dass sich in der näheren Zukunft auch wirklich kaum etwas ändern wird, jedenfalls nicht zum Positiven.

So, mehr gibt es eigentlich in diesem Vorwort nicht zu sagen. Außer ehrlichen und tausendfachen Dank an alle, die es verdient haben, und das sind nicht wenige. Fühlt euch angesprochen, gedrückt, geherzt und geküsst. Aber nur ihr – der Rest, der überhaupt nicht hilfreich war oder nur so tat oder sogar störte oder nervte, der kann bleiben wo der Pfeffer wächst und mich mal kreuzweise am Arsch lecken! Ich möchte nicht noch mehr Platz für Namen verschwenden und hoffe, jeder weiß selbst, zu welcher Kategorie er gehört, und freut oder schämt sich angemessen. Ende des Vorworts. Können wir jetzt endlich anfangen?

# Inhalt

Worte

10

# KREATIVE QUER-
# SCHNITTSLÄHMUNG
## Unser Fernsehen ist am Ende

Unnötig, für diese Erkenntnis in das ausgeleierte Horn der ewig gestrigen Unterhaltungskritiker und miesepetrigen Kulturpessimisten zu stoßen, die das flimmernde Medium der kollektiven Volksbelustigung von jeher verdammten. Die Antwort liefert das Fernsehen in seiner derzeitigen Situation selbst. Denn beim Versuch, es allen recht zu machen, auf riskante Innovationen zu verzichten und einfach die Erfolge der restlichen Welt zu kopieren, ist das deutsche Fernsehen versehentlich mit dem eigenen Hintern an den Knopf für den Selbstzerstörungsmechanismus gekommen.

Gab es einstmals zwischen Fernsehanstalt und Publikum eine Art unausgesprochene Vereinbarung für eine direkt oder indirekt bezahlte Entertainment-Dienstleistung, herrscht aufseiten der Sender heute die Geschäftsmentalität eines Dönerbudenbesitzers, der heimlich zwölf Jahre altes Gammelfleisch auf den Drehspieß packt: Bloß nicht erwischen lassen! Solange keiner merkt was er frisst und niemand davon stirbt, ist es auch nicht wirklich illegal. Ein Großteil der privaten Sendestrecken wird inzwischen ausgefüllt von schlecht ausgebildeten Trickbetrügern und mäßig begabten Hütchenspielern, die auf der Straße keine zehn Minuten überstehen würden, ohne verhaftet oder von der Kundschaft niedergeschlagen zu werden. Debil grinsende Moderationsamöben, die stundenlang vor einem vollgeschmierten Flipchart stehen und sich den kargen Restverstand aus dem Haarständer labern, um die zuschauenden Nieten im Loseimer der Glotzmasse zum Anrufen und Bezahlen der dreisten Dämlichkeit zu animieren.

Frech getarnt als „Quizshow", denn gesucht werden beispielsweise zusammengesetzte Wörter aus dem Substantiv „Fußball..."
– ganz gebräuchlich, kennt jeder. Fußballspiel, richtig. Fußball-
verein, auch dabei. Fußballfeld, natürlich ... nur das letzte Wort
macht über eine Stunde lang Schwierigkeiten, total einfach, aber
die Leute scheinen wie vernagelt. Schade, Zeit ist um, die 500
Euro bleiben in der Hose – „Fußballmensch" wäre es gewesen! Eine
der bekanntesten Nominalkomposita unserer Sprache, gleich nach
dem „Fußballbaum", „Fußballschwein" und „Fußballball". In den
sechziger Jahren mussten Showmoderatoren gehen, wenn sie eine
außereheliche Affäre hatten. Diesen Kollegen hätte man damals
wahrscheinlich einfach am nächsten Sendemast aufgehängt.

Wo früher zumindest Serienwiederholungen, die schönsten Bahn-
strecken Deutschlands oder die aufregendsten Bürgersteige Ba-
den-Württembergs die Programmlücken füllten, wird neuerdings
nicht einmal mehr versucht, so etwas wie Inhalt vorzutäuschen.
Schlimmer noch, der mit gutgläubiger Dummheit gesegnete Zuschauer hilft aktiv mit, im großen Stil ignoriert und betrogen zu
werden.

Wenn nicht wegen der Aussicht auf den Gewinn bescheidener Bar-
geldbeträge, dann eben durch den kostspieligen Anruf bei einer
der qualifizierten Fleschereifachverkäuferinnen mit Sprachfehler
und abgebrochenem Hauptschulabschluss, die sich als Astrolo-
ginnen ausgeben und mit Hilfe ihres spirituellen Zivildienstleis-
tenden oder dem Autoquartett des Nachbarjungen irgendeine Zukunft voraussagen.

Wer erst einmal so weit in den Keller seiner eigenen Erwartungen
hinabgestiegen ist, solche unverschämt erbärmlichen Programm-
Ersatzstoffe überhaupt als offizielle Sendung zu akzeptieren, der
hat auch nicht mehr ganz so starke Schmerzen, wenn zur besten Sendezeit selbst ernannte Prominentendarsteller für SAT.1
Eier bemalen, drei Stunden live Bratwürstchen grillen oder beim

ProSieben Ochsenrennen mitmachen, wo die Ochsen erstmals bekannter waren als die Promis im Sattel.

Nach kurzer Zeit akzeptiert man sogar, dass gleichzeitig zwei Sender mit derselben unerbetenen Eislaufshow um Aufmerksamkeit betteln, in der zu Recht vergessene Medienranderscheinungen die Kulanz ihrer Krankenversicherung austesten. Es wundert nicht einmal mehr, wenn plötzlich wieder steinzeitliche Pannenshows aus der Mülltüte der Fernsehgeschichte zu echten Quotenhits werden, bei denen hyperaktive Härtefallpatienten aus der geschlossenen Psychiatrie uralte Heimvideos präsentieren, die Opas Sturz vom Küchenstuhl mit doppeltem Arschbruch zeigen. Und ganz am Ende freut man sich dann vielleicht sogar, wenn man zusehen darf, wie dicke Frauen bei fremden Menschen in deren hässliche Lebensräume einfallen und ihnen beweisen, dass sie ohne Hilfe des

Fernsehens sogar zu blöd zum Wohnen waren.

Die größten Erfolge haben nicht ohne Grund derzeit die Formate, die den geistig unter- und vom Alltag immer mehr überforderten Menschen beim Meistern ihrer Existenz helfen oder sie darüber hinwegtrösten. Wie auch die überschwappende Welle an Prominenten-Test-Formaten, von PISA über Rechtschreibung und Leibesertüchtigung bis zur Elternschaft. Die gleichen Stars wurden früher in Shows geladen, um dort eine Probe ihres Könnens zu liefern, heute um zu zeigen, dass auch sie versagen können.

Der Rest des Programms? Die ewige Suche nach dem Superwesen, sei es nun im Bereich Gesang, Tanz, Popstar, Haustier oder Bulimie. Von talentresistenten Laiendarsteller-Azubis dargebotene Gerichtstermine und Kriminalfälle aus irgendeinem äußerst kranken Paralleluniversum. Unzählige gleich erzählte Telenovelas über unglücklich verliebte Kitschziegen auf dem dornigen Weg zum Herzen ihres Angebeteten, ironiefrei zubereitet und gefällig melodramatisch für den reibungslosen Kleinsthirneinlauf. Geschichten, die das Leben nie schreiben würde, weil sie ihm peinlich wären.

Die größte Angst aller unserer Sender besteht derzeit in der Furcht vor der eigenen Kreativität. Die verantwortlichen Redakteure hassen ihre eigenen Programme fast so sehr wie die Zuschauer, die so dumm sind, sie zu schauen und damit bestätigen. In ihrer absurden Logik sogar die wahren Schuldigen am Müll, den sie produzieren, da sie ihn ja scheinbar haben wollen. Wie der Wärter, der seinem Gefangenen seit Jahren ausschließlich trockenes Brot gibt mit der Begründung, es müsse ihm ja schmecken, da er es immer aufisst.

Die Triebfeder für Produktionen ist längst nicht mehr der Wunsch nach Sendungen, die man selbst gern sehen würde, sondern die reine Sicherung des Arbeitsplatzes. Und der übersteht Misserfolge nun mal eher, wenn man sagen kann: „Keine Ahnung, warum das hier nicht funktioniert hat, in Dänemark war das 1982 der absolute Straßenfeger, wahrscheinlich ist unser Publikum einfach noch nicht reif genug."

Jede wirklich neue originäre Idee ist für den TV-Redakteur die Einladung zum Russischen Roulette, diese Verantwortung will niemand tragen. Große Erfolge aufzuweisen ist nicht halb so wichtig wie das Umgehen großer Misserfolge. Man kann auch ohne Hit alt werden, soweit man sich nur lange genug unbemerkt am Mittelmaß entlanghangelt.

Bloß kein Risiko eingehen, bloß nichts Neues wagen! Innovation ist der Feind der Beständigkeit. Die Öffentlich-Rechtlichen zeigen sich hier seit Jahren als Meister der Selbsttäuschung und kreativen Querschnittslähmung. Wer nur schnell genug stillsteht, sieht fast so aus, als würde er sich bewegen. Die künstlerischen Impulse, die der Kulturauftrag von ihnen zu Recht verlangen darf, beschränken

Worte

sich auf den Versuch, Florian Silbereisen und ein paar grundlos fröhliche Volksmusikanten „Am laufenden Band" oder den Zweiten Weltkrieg nachspielen zu lassen, da fühlen sich die Zuschauer wenigstens aufgehoben.

Man weiß von der Überalterung des Kernpublikums wie auch der Hoffnungslosigkeit, noch einmal einen Trend zu schaffen, anstatt ewig auf längst abgefahrene Züge aufzuspringen. ARD & ZDF fühlen sich inzwischen selbst so alt, dass sie sogar von Johannes Heesters erwarten würden, dass er im Bus aufsteht und ihnen seinen Platz anbietet. Die einzigen innovativen Ideen, die wir von ihrer Seite noch erwarten können, sind die Begründungen für die nächsten Gebührenerhöhungen.

Als logische Konsequenz zielen die Sender auch gar nicht mehr auf jene Zuschauer, die mit Qualität geködert werden müssen, sondern produzieren lieber simple Lockstoffe für das in seinem eigenen Existenzvakuum gefangene Restpublikum. Der so häufig zitierte Begriff „Unterschichtenfernsehen" ist in diesem Zusammenhang nicht diskriminierend, sondern vor allem falsch. Es handelt sich nicht um die soziale Unterschicht, vielmehr um den intellektuellen Bodensatz der Gesellschaft, die schlammige Ursuppe der televisionären Evolution. Die Menschen, die immer anmachen, egal was läuft. Die auch beim Testbild anrufen würden, wenn sie glaubten, man könne einen der Farbbalken gewinnen.

Wer es sich inzwischen leisten kann, abzuschalten, der tut es. Wer genug Geld für Kino oder Videothek hat oder gar das so gern zitierte „gute Buch" zu benutzen weiß, der hat sich längst von seinem alten Kumpel Fernsehen verabschiedet. Oder bestellt sich seine DVDs aus dem Ausland, um erstaunt mitzuerleben, wie vor allem in Amerika und England in den letzten Jahren einige der fantastischsten TV-Produkte aller Zeiten entstanden sind.

Die Sopranos, 24, Lost, Deadwood, Six Feet Under, Prison Break, Boston Legal, Heroes, Arrested Development, The Office, Doctor

Who, Little Britain, Extras – die Liste ist endlos. Denn in anderen Ländern weiß man, dass die eigentliche Aufgabe des Fernsehens darin besteht, das Publikum zu überraschen, auch auf die Gefahr hin, es erst einmal zu irritieren. Deshalb wird jede Season versucht, die Zuschauer mit jeder Menge neuer Ideen, Looks und Erzählweisen zu konfrontieren, wohl wissend, dass nicht alle der ambitionierten Neustarts überleben werden. Aber die es schaffen, haben es meist auch verdient.

So ist die Schere zwischen dem, was theoretisch machbar wäre, und dem, was tatsächlich produziert wird, wohl nirgends größer und enttäuschender als in Deutschland. Einerseits ist es uns gelungen, jegliche Eigeninitiative aus dem Angebot zu verbannen und stattdessen eine Auswahl des Erfolgreichsten vom Rest der Erde in gefälliger, abgeschliffener und fast ausnahmslos minderwertiger Form nachzuspielen. Andererseits können wir stolz darauf sein, unser Publikum in seiner Erwartungshaltung wie auch der intellektuellen Aufnahmefähigkeit so weit heruntergesendet zu haben, dass etwaige qualitativ höhere Aussetzer ohnehin nicht mehr angenommen werden können.

Endlich ist das Publikum so doof, wie man schon immer von ihm behauptet hat. Und es ist daran auch noch selber schuld. Das schafft zumindest ein reines Gewissen für die Verbrechen der nächsten zwölf Monate.

# KEIN TAG WIE DER ANDERE

Vor kurzem war Weltfrauentag, und das hat mich als Mann doch ziemlich betroffen gemacht. Ein bisschen fühlte ich mich schon übergangen. Warum bekommen nur Frauen ihren Tag, manchmal sogar Tage, und wir Mitglieder des armen unterdrückten Mannsvolks werden einfach so existenztechnisch übergangen?

Falls es doch einen für uns geben sollte, wird der wahrscheinlich nur heimlich im Untergrund oder in Höhlen gefeiert, weil wir Männer inzwischen auf der öffentlichen Akzeptanzskala ja schon irgendwo zwischen Kettenraucher und Leprakranker liegen. Das Einzige, was man uns halbherzig und inoffiziell vor die Füße geworfen hat, ist der Vatertag, an dem wir zur Demütigung unserer Gattung gezwungen werden, sturzbesoffen mit einem Bollerwagen voller Druckbetankung durch die Rabatten zu brettern und gegen sämtliche Vernunft so lange zu saufen, bis wir unseren Mageninhalt im Turbo-Rückwärtsgang zu Boden schleudern, und die letzten Reste menschlicher Überlegenheit zugunsten eines schnellen Taumelsuffs an unsere Leber verkaufen.

Dabei gibt es für fast alles Gedenktage auf der Welt. Am 14. März beispielsweise ist Weltstaudammtag, und da möchte ich mal behaupten, dass diese Ehrung den meisten Staudämmen so ziemlich am Arsch vorbeigeht. Ende Oktober feiern wir treudoof den Weltspartag, wobei unsere gebeutelte Wirtschaft einen Weltsinnloskohlerausschleudertag wesentlich besser gebrauchen könnte.

Am 13.8. ist Weltlinkshändertag, aber seltsamerweise gibt es weder einen Rechtshänder- noch einen Appe-Hände-Tag, geschweige denn zumindest einen Linksträgertag. Oder nehmen wir den 24.3., das ist Welttag der Tuberkulose, und die will ja nun wirklich keiner haben, das ist so nützlich wie der Tag der Sackläuse, der unkontrollierbaren Flatulenzen oder die internationalen Hämorrhoidenwochen. Und dem Erfinder des Toleranztags am 16.11. sollte man auch gleich mal eins aufs Maul hauen.

Haben wir nicht genügend Randgruppen und Ereignisse, die es auch wert wären, bedacht zu werden? Längst überfällig wäre der Tag des verarschten Zuschauers oder des gebrochenen Wahlversprechens, so gesehen auf jedes beliebige Datum ansetzbar. Oder der Tag der Geisteskrankheit, möglichst auf einen Sonnabend zu legen, wenn das Frühlingsfest der Volksmusik läuft. Auch ein Tag der Korruption, professionellen Inkompetenz oder der institutionalisierten Sinnlosigkeit wäre angemessen, wobei ich mir nicht sicher bin, ob Staatsbeamte und Politiker nicht bereits einen eigenen Ehrentag haben.

Der Fairness halber sollte man auch über einen Welttagestag nachdenken, an dem man gemeinsam der Gedenktage gedenken könnte. Dringlichstes Projekt in diesem Zusammenhang aber ist und bleibt für mich der längst überfällige Tag des Vollidioten, dann könnten endlich auch mal alle mitfeiern.

# ALLES MUSS RAUS!

Achtung, Achtung, liebe Kundschaft! Der Räumungsverkauf der Redakteursschädel hat begonnen! Wer schon immer mal ein paar abgestorbene Gehirnzellen zum Sonderpreis erwerben wollte, der sollte jetzt ganz schnell zugreifen. Denn es waren von vornherein nicht besonders viele, und das Angebot gilt nur noch wenige Minuten, dann ist der kleine Unterhaltungschef-Porzellanpenis mit bestickten Minifilzhoden in Originalgröße an der Reihe. Ganz entzückend und bringt Mama zum Lächeln, auch als Fingerhut verwendbar. Aber hurtig, die schrumpeligen Schmuckschniedel sind streng limitiert und fast schon beinahe bald vergriffen, wirklich ein Mega-Schnäppchen.

Dafür gibt es aber noch die aufblasbare Mahagonischrankwand, die wetterfeste Autopolitur aus linksdrehender Salzsäure mit handgeschrubbtem Büffelsperma und die fantastische eckige Götterbratpfanne, in der man ganze 21 Fischstäbchen gleichzeitig nebeneinander anbrennen lassen kann bzw. hochkant sogar bis zu 117, wenn man ein bisschen die Panade abkratzt.

Endlich werden Träume wahr! Das Fernsehen als billiger Jakob des Existenzialismus, triviales Telefonshopping als Zugangsberechtigung des nutzlosen Individuums in die Gemeinde des lebenden Marktanteils: Ich kaufe, also bin ich – jedenfalls behauptet das die monatliche Kreditkartenabrechnung.

Tele-Shopping ist seit Jahren mega-in, ein Privatsender nach dem anderen mutiert plötzlich und ohne Vorwarnung zum halbseidenen Umschlagplatz für sinnlose Sonderangebote aus der Grabbelecke der Nutzlosigkeit.

Immer neue Kaufhauskanäle für den Wahnsinn vom Wühltisch rund um die Uhr schießen aus den Poren des Kabelnetzes. Aber selbst die vermeintlich seriösen Vollsender räumen kulant ein paar Stündchen mit ohnehin nutzlosen Programminhalten zugekleisterte Sendestrecke frei, um dort dem unterhaltsamen Umsatz-TV eine neue Heimat zu bieten. Am liebsten nachts bei Vollmond, wenn Papa schon schnarcht und Mama ihm die Kreditkarte aus der Hose mopsen kann. Oder im Morgengrauen, wenn der Geist noch willig, aber schläfrig ist. Viele Singles sind außerdem froh, wenn sie zum Frühstück zumindest mit der netten Bestellannahme plaudern können, wenigstens eine halbwegs freundliche und Menschlichkeit vorheuchelnde Stimme.

Fernsehen, wie die Macher es lieben – inhaltlich zwischen unglaublich scheiße und einfach unerträglich, kostet aber fast nix und bringt sogar noch Kohle in die Kasse. Herrlich! Denn das TV-Medium ist schon lange nicht mehr dazu da, um irgendwelche undankbaren imaginären Sesselfurzer zu Hause zu unterhalten, Gott bewahre, sondern um Geld zu generieren und die eigene Ernährung zu sichern.

Nur der Reichste überlebt, erkannte bereits Darwin an der Aldi-Kasse, und trotzdem musste er für die Plastiktüte 20 Cent extra bezahlen. Das verstehe wer will. Und bei aller Liebe – wozu soll sich ein vernünftiger Sender freiwillig mit dem ganzen nörgelig-überkritischen Zuschauergesocks herumschlagen, wenn er problemlos auch so täglich genügend Blöde findet, die selbst auf den allerletzten Mist hereinfallen und sogar handlackierte Castor-Behälter randvoll mit nicht registriertem britischem Rindfleisch bestellen würden, Hauptsache es wird von irgendeiner grinsenden Schleimspackenfresse im Fernsehen angepriesen. Intelligenz ist nun einmal nicht käuflich!

# FETTES VATERLAND

Diese Nachricht traf mich doch persönlich: Laut irgendeiner hoch-
brisanten neuen Statistik ist jeder zweite Deutsche zu dick! Meine
beiden Nachbarn links und rechts grinsen seitdem immer ziemlich
überheblich, wenn sie mich sehen.

Den Ergebnissen der Studie nach gibt es dabei ein deutliches Ost-
West-Gefälle: Die dicksten Menschen leben demnach im Osten.
Damals vom Begrüßungsgeld wahrscheinlich gleich einen Eimer
Schleckerkram gekauft. Und auf dem Lande ist man auch sehr fett,
viel mehr als in der Stadt, wo man durchschnittlich dünner ist,
weil man sich zwischen all den Autos durchschlängeln und in coolen engen Szene-Bars zusammenquetschen muss.

In den ländlichen Regionen hat man körperlich mehr Platz, sich
nach allen Seiten auszudehnen, da macht Fettleibigkeit deshalb
erst richtig Sinn. In der Wildnis muss man sich außerdem einen
Schutzpanzer gegen die Kälte zulegen und braucht zum Überleben
eine körperlich mächtige Erscheinung als Einschüchterung gegen
die Tiere, damit man nicht von einer wilden Kuh oder einem Mäh-
drescher gerissen wird.

Die Bundesregierung (deren meisten Mitglieder übrigens selbst
auch mehr in Richtung atmende Endmoräne gehen – was allerdings auch kein Wunder ist, wenn man sein Leben lang die Forderung nach neuen Diäten als ausstehende Gehaltserhöhung
missversteht!) warnt jedenfalls und sagt, gesundheitlich gesehen
ist Übergewicht nicht nur positiv zu bewerten. Dick sein ist kein
Breitensport! Maßlos unkontrollierte Nahrungsaufnahme kann
auch schädlich sein, so eine Art Rückwärtsbulimie, ein Großteil

der Ärzte rät davon ab. Nur was tun? Irgendwer muss das ja alles aufessen, was bei Kerner so zusammengerührt wird. Allerdings hat der ja seinen freitäglichen Late-Night–Kamikaze-Koch-Overkill inzwischen aufgegeben, wahrscheinlich, um dem aufschwemmenden Publikum mal eine Spachtelpause zu gönnen.

Das ZDF allerdings hat sofort gemeldet, dass es auch ohne ihn gnadenlos weitermachen will, bis jeder einzelne Deutsche an chronischer Herzverfettung krepiert ist. „Mit dem Zweiten frisst man besser", soll der neue Senderclaim heißen, die ersten Fotos von Gottschalk, Vroni Ferres und Claus Kleber, die sich zwei Würstchen ans Auge halten, sind bereits produziert. Die Variante mit Zuschauern, die gleichzeitig in zwei Kübel kotzen, wurde von der Programmdirektion abgelehnt.

In diesem Zusammenhang fragt man sich, ob der damals so überstürzte Rauswurf von Andrea Kiewel nach ihrem Weight-Watchers–Outing wirklich Zufall war. Vielleicht musste die furchtlose Fettpolster-Fighterin aber auch nur deshalb als Werbehexe auf den Medienscheiterhaufen, weil sie dem sinistren ZDF-Masterplan im Wege stand: Weltherrschaft durch Züchtung eines lethargisch übermoppelten Publikums bei gleichzeitiger Neuerhebung der GEZ-Gebühren nach Kilogramm!

So ist das von Kabeleins produzierte Großprojekt, bei dem ganz Langeoog sich einer XXL-TV-Diät unterzieht, wohl auch eindeutig als Gegenschlag zu verstehen. Eine komplett von der Außenwelt abgeschottete Insel schlank trainierter Übermenschen, von der aus später die private Revolution gegen das öffentlich-rechtliche Speck-Imperium gestartet werden soll, mit Tim Mälzer als König von Deutschland mit Pürrierstabzepter und selbst gebackener Verfassung aus der Mikrowelle. Und das alles wie immer auf dem Rücken der armen dicken Zuschauer. Na dann, Mahlzeit!

# APOKALYPSE
# HELAU!

Eintrag ins Tagebuch, Februar 2007:

Sie haben mich erwischt. Kalt. Unvorbereitet. Ich konnte mich nicht mehr wehren, hatte einfach einen Moment lang nicht aufgepasst. Aber irgendwie bin ich wohl auch selber schuld. Man zappt nicht einfach so durch die Programme, ohne sich vorher einen Fluchtplan zu überlegen.

Ich war überheblich, dachte, das schaffe ich schon, und plötzlich war ich beim ZDF gelandet. Prime-Time. Alles bunt und laut und grell. So kennt man das dort sonst gar nicht. Hoffnungslos irre lachende Menschen, Todesangst getarnt als Lebensfreude. Guido Cantz und Janine Kunze moderierten. Spätestens da hätte ich es doch merken müssen – die zwei gehören da gar nicht hin, auf diesen Sender, jedenfalls nicht um diese Uhrzeit, und nicht stehend ohne Promi-Panel. Es musste also etwas Schlimmes passiert sein. Krieg, Naturkatastrophe ... Karneval! Oh, mein Gott, dachte ich – ist schon wieder 11. September? Oder gar November?

Nein, viel schlimmer – vom milden Winter eingelullt, hatte ich nicht mitbekommen, dass bereits Februar ist, der Monat der gnadenlosen Fröhlichkeit, die Fassenacht der lebenden Toten. Die Tage der besinnungslos durch die Gegend wackelnden Humorleichen, emotional und intellektuell abgestorben, aber nach dem Blut und Fleisch der Lebenden dürstend.

Wir kennen die Legenden: Einmal von ihnen in eine Polonäse gezogen, mit einer Pappnase infiziert oder von ihrem alkoholgeschwängerten Fuselatem der seelischen Verzweiflung angehaucht, und man mutiert selbst zum Fascho-Zombie. Widerstand ist zwecklos! Karnevalisten sind das Borg-Kollektiv der Spießigkeit, getrieben von spastischem Spaßzwang und getarnt mit falscher Fröhlichkeit, aus Angst herausgelachte Massenhysterie mit Humor verwechselnd.

Es helfen weder silberne Kugeln durchs Herz noch ein Holzpflock durch das stillgelegte Hirn, der infizierte Karnevalist würde selbst im Sterben noch den Narrhalla-Marsch ausrufen, mit dem Sensenmann Alaaf schreien und durch den Tunnel in das Licht schunkeln. Die einzige Chance, als gesunder Mensch zu überleben, ist die Flucht. Sich in der Wohnung verbarrikadieren, sämtliche Rundfunkgeräte ausschalten und auf das Ende der Blöden-Belagerung warten.

Doch für mich ist es jetzt zu spät. Dabei hatte ich noch so gelacht über den neuen Schleichwerbungsskandal bei der ARD, die wie jedes Jahr mit teuflischer Bosheit live die Verleihung des Ordens „Wider den tierischen Ernst" übertragen hatte, dieses Mal vergeben an Joachim Hunold, Chef der Fluglinie Air Berlin. Und während der Laudatio von Friedrich Merz mussten die Verantwortlichen mit ahnungslosem Erschrecken feststellen, dass dabei mehrfach „Air Berlin" genannt wurde! Verdammt, das hatte wirklich keiner vorher ahnen können, niemand! Auf so was kann man gar nicht vorher kommen, da waren sie halt einfach naiv in die Falle getappt.

Genau wie ich. Draußen wird schon gefeiert, ich habe vorhin Tusche gehört und Schreie. Und auf dem Bürgersteig war alles voll Konfetti, Kamelle und Kotze. Aber ich muss noch mal raus, meine Vorräte reichen nicht bis Aschermittwoch. Ich werde also entweder vernünftig verhungern oder mein Glück im Kampf gegen die Jeckenbrut versuchen müssen. Keine Ahnung, ob ich es schaffe. Die Spaßtoten sind verdammt gefährlich.

Falls ich es nicht packen sollte und von den Monstern helauisiert werde – vergessen Sie nicht, ich habe Sie alle geliebt! Ich muss jetzt los. Gott steh mir bei!

# WO IST DAS BILD?

Das deutsche Fernsehen ist grausam. 95% der heimischen TV-Macher produzieren nur noch Programme, die sie sich auch unter extremer Gewaltandrohung nicht selber anschauen würden. Der Zuschauer ist lange schon kein ernst zu nehmender Kunde mehr, lediglich ein anspruchsloses Stück Quotenrudel-Nutzvieh aus Käfighaltung, das ohnehin stumpfdoof alles glotzt was auf den Schirm kommt. Traurig, aber das ist nun mal die Realität. Und irgendwie haben wir uns ja inzwischen auch alle daran gewöhnt, multimedial als Vollidioten verachtet zu werden.

Vielleicht meinen es die Fernsehmacher ja deshalb auch in Wirklichkeit nur gut mit uns, wenn sie neuerdings selbst den letzten Rest noch erkennbaren Programms derart mit nutzlosen Werbe-Infos zuballern, dass man die Scheiße dahinter möglichst gar nicht mehr mitbekommt.

Pling! – Wichtiger Hinweis oben rechts! Na – schon den neuen Furz-Klingelton von DJ Darmwind aufs Handy runtergeladen? Nur 2 Euro Flatulenz-Fun-Gebühr, jetzt anrufen! ... Plong! Noch 'ne Meldung: Gleich bei Britt: Papa hat den Hund gefickt! Geständnis live mit Vaterschaftstest, bleiben Sie dran!

Unten Mitte rattert die doofe Kicherfresse irgendeiner zappelnden Moderatoren-Arschgranate mit Whoosh-Sounds und Sendungshinweis für das große Promi-Weitpinkeln ins Bild. Kurze Pause, Take-in-Werbung mit Countdown für Carpaccio-dünne Damenbinden, mit denen man Sachen machen kann, die man ohne noch nicht konnte, eigentlich aber auch nie können wollte, gleich gehts weiter!

Wieder da, boing! Info unten links: Möchten Sie einen Sack bunte Glasperlen oder den neuen Fiat Fellatio gewinnen? Dann rufen Sie an, nur 99 Cent pro Sekunde, und beantworten Sie die Frage: Welches Tier hat einen Ringelschwanz? A: Schwein, B: Dieter Bohlen. Laufband mittig: Die Käpt'n-Iglo-Top-100-Musik-Charts, ermittelt von WOM, Underberg-Fanta-Mix und Nordsee, mit den neuen coolen Fischstäbchen als Handy-Logo zum Runterladen. Laufband darunter: Lust auf doofe Leute kennenlernen und dich unsterblich in ein paar Buchstaben auf dem Display verlieben? Mach mit beim SMS-Pissnelken-Flirt, nur 1,99 pro Silbe. Smileys kosten extra. Laufband ganz unten: Hallo, Klöte, hab dich lieb, deine Mutti! ... Hi, cooler Single-Boy (47) sucht tolerantes Dream-Girl mit nicht zu viel Anspruch zum Chatten, Träumen und Geschlechtsverkehr! Call mal, ich bin immer zu Hause! ... Na, wie wärs? Ich blas dir einen gegen Geld für meine Handy-Rechnung! .... usw., usw.

Okay – das Prinzip hab ich verstanden – aber warum dann nicht gleich den Schirm komplett zuballern und das Fernsehbild zum Runterladen aufs Handy anbieten? Das wäre wenigstens konsequent!

# DER KAMPF
# UM DEN CLAIM

Schon im Wilden Westen wusste man, was das Wichtigste war, wenn man Gold gefunden hatte: schnell sein und sofort den Claim abstecken! Das ist meins, ihr dreckigen Bastarde, und wer sich an meinem Eigentum vergreifen will, kriegt eine Kugel in den Bauch, haha!

Heute ist das inhaltlich nicht anders, nur bezeichnet der Claim eher den Slogan eines Produkts oder Senders. Jenen megacoolen Hirnhängenbleiber, der unverwechselbar mit seinem Besitzer verbunden ist und dessen Erfolg begründet.

So wie MEIN RTL! – ohne ihn wüsste beim Gucken niemand, wem sein RTL das eigentlich sein tut, aber so fühlt man, dass der Scheiß, der da läuft, einem ganz allein gehört. Das vermittelt ein wohliges Gefühl und mindert die Kritikfähigkeit: Ja, okay, das ist zwar nur Dreck, aber was soll ich machen, es ist schließlich meins! Für so eine Jahrhundertidee kassiert eine Werbeagentur ein Schweinegeld, und das mit Recht. RTL – BEHALTS DOCH, DU ARSCH! würde ich den Kölnern allerdings sogar umsonst zur Verfügung stellen.

Auch SAT.1 – POWERED BY EMOTION oder SAT.1 – JA! waren damals wahre Juwelen unter den Senderslogans, so was kann man nicht mit Gold bezahlen. Nicht POWERED BY FRUSTRATION, DRIVEN BY DESPARATION oder FUELLED BY FUCKING BIO-DIESEL, auch kein SAT.1 – NEIN DANKE oder MAL GUCKEN!, da hätte man auch leicht danebengreifen können.

In den letzten Monaten konnte einem SAT.1 allerdings wirklich leidtun. Seit langer Zeit schon kriechen sie kraftlos durch das Quotental des Todes, sämtliche in der einstigen Oase der Fernsehwüste ausgesäten Formate verdorren vor ihren Augen, kaum dass sie das Licht der Welt erblicken. Zu Tode gestrahlt von der gnadenlosen Sonne, die all den anderen Sendern überheblich aus dem Hintern scheint.

Die letzte Hoffnung des schwächelnden Berliner-Bällchen-Kanals war der für den Jahresanfang angekündigte neue Sender-Claim. SAT.1 – SCHÖN, DICH ZU SEHEN! sollte er heißen, wie man später erfuhr. Und ja, das wär's gewesen! Damit wären die Zuschauer endlich in Scharen zurückgekommen und hätten den von neuem vergeigten Fun-Freitag genauso verziehen wie das vermurkste Restprogramm, und sie hätten sie mehr geliebt als jemals zuvor!

Doch dann kamen ohne jede Vorwarnung die fiesen Säcke von Super RTL von der Seite ins Bild gesprungen, schnappten SAT.1 diese verbale Goldader SAT.1 einfach vor der Nase weg, machten sie zu ihrem neuen Claim und werden nun dadurch statt ihrer die neuen Quotengötter.

Man könnte heulen, wenn es nicht auch so lustig wäre. Vielleicht helfen ja ein paar neue Vorschläge, z.B. eine ehrliche Ansprache an das so schnöde, die Programme verschmähende Publikum: SAT.1 – WIR HABEN'S DOCH NUR GUT GEMEINT! oder MANNO, IHR SEID SO GEMEIN!

Nein, das ist vielleicht doch zu weinerlich. Besser: WIR SENDEN TROTZDEM! oder SAT.1 – AUGEN ZU UND DURCH! Das zeigt Mut und einen Hauch fatalistischer Hoffnung.

Oder doch etwas kecker mit einem Hauch Provokation: SAT.1 – DANN MACHT'S EUCH DOCH SELBER! Und wenn das Publikum dann immer noch nicht einschaltet: SAT.1 – WIR FINDEN EUCH AUCH SCHEISSE!

Weil irgendwann hat man ja auch mal die Schnauze voll von der ewigen Anbiederei!

# HANDGESPRITZT UND MUNDGEBLASEN

Reden wir mal Klartext: Als damals der liebe Gott die Schönheit verteilte, standen die meisten von uns noch draußen vor dem Himmelstor und holten sich gerade ein Bier und 'ne Currywurst. Nur so lässt es sich erklären, dass manch einem menschlichen Wesen beim Lächeln die Sonne aus den Plomben scheint und der makellose Körper aussieht wie vom Topdesigner des Allmächtigen persönlich aus Ebenholz geschnitzt, während andere rein physisch doch eher an die erste Laubsägearbeit eines sehbehinderten Waldorfschülers mit Motorikstörung erinnern. Kurz gesagt: Es gibt auf dieser Welt Hackfressen, bei deren Anblick sogar Blinde die Straßenseite wechseln, und sich selbst das eigene Spiegelbild am liebsten übergeben würde.

Wie gut, dass es da heute so einfach geworden ist, sich mal kurz vom Schnippeldoktor ein wenig die Visage auswuchten oder die Möpse zurechtpumpen zu lassen. Obwohl es ja kurioserweise gewöhnlich nicht die wirklich bedürftigen Optikattentäter sind, die zum Fressenmetzger gehen und sich die Hässlichkeit wegschneiden lassen wollen. Meist ist es die im Grunde recht ansehnliche, aber von der eigenen Präsenz gelangweilte Durchschnittsexistenz, die darauf hofft, dass die Seele aus Silikon ist und man sich die fehlende innere Persönlichkeit doch bestimmt auch irgendwo außen dran schrauben lassen kann.

Blödsinn, aber trotzdem kein Wunder – denn noch nie war das Thema Schönheits-OP so selbstverständlich und alltäglich wie heute. Die hohlbirnigen Boulevardmagazine berichten ohne Pause vom crazy Fun-Faktor der trendy Beauty-Aufbesserung, Gehirnabsaugen gibts gratis im RTL-Shop, und zwölfjährige Mädels verplanen auf dem Schulhof ihr Konfirmationsgeld fürs Nasenbiegen und Labial-Tuning.

Wobei sich der Betrachter im Nachhinein ja doch meistens wundert, welcher ästhetik-resistente Frankenstein-Azubi sich denn wohl an manchen Opfern ausgetobt haben mag. Die meisten aufgespritzten Lippen sind längst nicht mehr sinnlich, sondern sehen aus wie aufgeblähte Knackwürste kurz bevor der Darm platzt. Als Mann muss man da regelrecht Angst haben, dass die einem beim Küssen in der Fresse explodieren.

Auch nichts gegen stattliche Brüste, Gott bewahre, aber ein Großteil der dauernde Bumsbereitschaft signalisierenden Nachwuchsluder lassen sich inzwischen die Titten vollpumpen, als wollten sie sich später noch einen Globus drauftätowieren lassen. Da freut man sich schon regelrecht auf den Anblick, wenn sie in ca. 40 Jahren zitternd als klapperiges Omilein von den eigenen Fesselballonglocken über die Gehhilfe gezogen werden und auf der kaputtgelifteten Fresse landen!

Obwohl man selbstverständlich auch nicht generell darüber spotten sollte. Klar, vielen jungen Frauen geht es bei der großflächigen Expandierung der sekundären Geschlechtsmerkmale nur um die primitive Erfüllung der zum Poppen erforderlichen Schlüsselreize, keine Frage. Bei anderen aber handelt es sich im Falle einer Erweiterung der zu natürlich erscheinenden Eigenbrüste in Naddelgroße Medizinballeuter allerdings keinesfalls um eine optische Verbesserung, das sieht man ja auch, sondern um eine ärztlich verordnete Notwendigkeit. Als eine Art Gegenwicht, um durch die viele Luft im Kopf nicht vom Boden abzuheben. In der Fachsprache nennen die Experten so etwas „medizinische Ankermöpse". Irgendwie halt doch schade, dass man Doofheit noch nicht wegoperieren kann.

# DAS DEUTSCHLAND IN UNS

Sind wir nicht alle ein bisschen Deutschland? Irgendwie schon, da können wir uns gar nicht gegen wehren, selbst wenn wir das spießig finden. Wir alle sind Papst, Wurst, Pünktlichkeit, Merkel, Volksmusik, Vogelgrippe und Hartz-IV, denn wir alle sind Statistik.

Und das Statistische Bundesamt (ein Amt, das statistisch gesehen täglich ca. 2780 Beamte von der Arbeit abhält, um aufzuschreiben, was die anderen so tun) wirft jedes Jahr mit jeder Menge interessant gemeinter Zahlen um sich, die besten davon irgendwann sogar in ein Buch. Das ist sehr dick, hat massig Tabellen und wenig Action, scheint aber viel interessanter, als es ist!

Man kann daraus auf jeden Fall eine Menge über sich lernen, denn man erfährt vieles, was man noch nicht wusste, und sogar noch mehr, was man gar nicht wissen wollte. Zum Beispiel, dass auf 100 000 Deutsche 274 Friseure kommen, aber nur 14 Fahrschulen. Woraus man schließen kann, dass wir deutlich zu viele Fußgänger mit Dauerwelle haben. Von den Beschäftigten im Strähnchen-business sind knapp 90% weiblichen Geschlechts, was rein rechnerisch die Schlussfolgerung zulässt, dass eine von zehn Frauen in Wirklichkeit ein schwuler Mann ist. Zudem kommt es jährlich zu 195 278 Verurteilungen wegen eines Verkehrsdelikts, was uns zeigt, dass wir alle vielleicht doch besser mal öfter zur Fahrschule gehen sollten als zum Friseur.

Von den 82,5 Millionen Menschen bei uns sind 15 Millionen älter als 65 und ebenfalls 15 Millionen minderjährig. Solange es nicht dieselben sind, könnten sie doch eigentlich sehr gut aufeinander aufpassen, dann hätten die 52,5 Millionen werberelevanten Erwachsenen endlich ihre Ruhe. Jedes vierte Kind ist unehelich, was uns zeigt, dass leider immer noch viel mehr gepoppt wird als geheiratet. Das korrespondiert erschreckenderweise mit der Erkenntnis, dass die katholische und evangelische Kirche im letzen Jahr zusammen etwa 663 Millionen Euro an Kirchensteuereinnahmen verloren haben, was darauf schließen lässt, dass immer mehr Deutsche ihre Kohle lieber für zwielichtige Bumsvorbereitungen ausgeben als beispielsweise für ein neues Kirchenschiff oder die Altersvorsorge des Papsts.

Schlimmer aber noch ist die Zahl, dass zwar 99,1% an die öffentliche Wasserversorgung angeschlossen sind, aber 5,4% nicht in die Kanalisation entsorgen. Was nicht weniger heißt, als das jeder Zwanzigste in den Wald kackt. Oder auf den Bürgersteig und es den unschuldigen Hundebesitzern in die Schuhe schiebt. Und in Mecklenburg-Vorpommern leben die dicksten Menschen von Deutschland, wiegen durchschnittlich aber weniger als ich. Spätestens jetzt sollte ich übers Auswandern nachdenken.

# AUFRUF ZUR REBELLION

Vermutlich durch die „Fluch der Karibik"-Trilogie im Kino inspi-
riert, meldete sich der vogelfrei agierende Freibeuterverein der
GEZ zu Wort und hisst mit kecker Dreistigkeit die Segel zur wohl
unbarmherzigsten Gebührendiebstahlsattacke aller Zeiten!

Denn endlich haben sie die Schatzkarte zu einem gigantischen,
bisher unentdeckten Schlupfloch gefunden, das ihnen ruhmreiche
Extrabezüge und 'ne Buddel voll Rum verspricht, harrharr! Seit
2007 verlangen die gierigen Medienpiraten nun nämlich auch ihren Anteil für Computer mit Internetzugang, UMTS-Handys und
alle anderen Geräte, mit denen man rein theoretisch die Monu-
mentalprogramme von ARD und ZDF empfangen könnte.

Ist aber nicht so schlimm, wie es sich anhört, behaupten die fröh-
lichen Eintreiber, muss ja gar nicht gleich jeder die 17 Euro extra
latzen, sind doch vor allem die Betriebe und Freiberufler dran, und
vielleicht später erst noch alle Übrigen, die leider mal irgendwie
irgendwo dann doch wieder irgendwo das Kleingedruckte nicht
verstanden haben.

Auf jeden Fall ist es ja nur gerecht, weil sich ziemlich zweifelsfrei
gezeigt hat, dass beispielsweise die meisten Angestellten ihren PC
nur ans Internet klemmen, um heimlich während der Arbeitszeit
im ZDF „Volle Kanne" zu gucken, nicht zu vergessen all die Außen-
handelsmitarbeiter, die über ihr Handy an „Sturm der Liebe" oder
„Marienhof" drankleben, oder auch die Tausende von Ärzten, die
nach Feierabend noch schön in der Praxis bleiben und sich über
den Laptop „Das Sommerfest der Volksmusik" ansehen und Mor-
phium spritzen. Die Liste der illegalen Nutzungen der öffentlich-

rechtlichen Superangebote ist endlos. Okay, liebe GEZ, bis hierhin war nur Spaß – aber wollte man sich einer umgangssprachlichen Formulierung bedienen, müsste man doch wohl fragen: Habt ihr eigentlich den Arsch offen?

Reden wir doch mal Klartext: Niemand hat was gegen eine faire Gebühr für Bereitstellung von Sendefrequenzen und Aufrechterhaltung einer gewissen medialen Grundversorgung, okay. Einfach eine gerechtfertigte Summe von jedem verlangen und gut! Und sehr gerne, sogar mit Freude und Stolz, zahle ich auch – wie beim Pay-TV – für tolle Extraangebote, die sich lohnen. Aber verarschen kann ich mich selber!

Nur um eine Armee von sonst arbeitslosen Fahndern, Spitzeln und Drückern zu finanzieren, kann es nicht angehen, dass wir alle unter einem der absurdesten, unverständlichsten und ungerechtesten Abrechnungsverfahren der Welt zu leiden haben!

Warum probt das Volk eigentlich hier nicht mal den offenen Widerstand? Ich sag ja nicht, wir sollten gleich die Französische Revolution nachspielen, ich weiß, einige der damaligen Maßnahmen sind heute ja vielleicht doch etwas umstritten. Aber irgendwas tun sollten wir langsam – ich hab echt keinen Bock mehr, mich auf ewig von den Halsabschneidern abzocken und dann auch noch durch ihre überheblich-unverschämten Vollidioten-TV-Spots verspotten zu lassen.

Jungs – ich hab die Schnauze gestrichen voll! Und das geb ich euch gern auch schriftlich auf jedem Anmeldeformular bei allen Banken und Sparkassen!

# WER IST SCHON GERNE SUPERSTAR?

Warum bloß möchten so viele Menschen auf der Welt unbedingt „Superstar" werden? Das ist nachweislich einer der beschissensten Berufe der Erde! Stress ohne Ende, haufenweise falsche Freunde, ständig umwieselt von peitschenden Managern, fotografierenden Fans und gierigen Beratern, null Privatsphäre usw. Zudem jederzeit angreifbar von blöden Säcken wie mir und auch sonst jedem hergelaufenen Hirni, denn irgendwo ist ja inzwischen irgendwie jeder Kritiker oder freier Handy-Bildreporter. Und als Star ist nun einmal jeder Furz entweder ein öffentliches Statement, ein unbestätigtes Gerücht oder zumindest eine neue Single.

Wäre beispielsweise Toastbrain Michael Jackson kein Superstar, sondern lediglich ein anonymer Bekloppter wie du und ich, könnte er friedlich und unbeobachtet irgendwo in Bottrop in einem betreuten Kinderheim wohnen, mit seinem Meerschweinchen reden, während er sich die Schorfnase mit der Gabel in den Pudding kratzt, und mehrmals täglich sein Baby aus dem Fenster hängen – niemand würde es erfahren. Nervtröte Britney Spears könnte sich mit Schokolade und Designerdrogen ihrer Wahl fett und hirntot dröhnen, sich reihenweise von herumlaufenden Fotografen und Tänzern nageln lassen und schief in der Badewanne singen, ohne dafür ausgelacht zu werden. Selbst der blondierte Party-Einzeller Paris Hilton könnte nach Lust und Laune vollgekokst und schlüpferlos nachts ohne Führerschein wie eine Geisteskranke durch die Botanik brettern, ohne dass es irgendein Schwein interessiert, wenn sie wieder einmal erwischt wird. Wäre das nicht herrlich? Vor allem auch für uns?

Wozu also tut man sich das freiwillig an? Okay, man verdient eine Mörderkohle, gut. Aber das tut man auch als Rennfahrer, Insolvenzverwalter, Zuhälter oder Telekomvorstand. Und zu guter letzt sterben 85% der so genannten Superstars irgendwann nach einem Dutzend Ehen und doppelt so viel Entziehungskuren als Vollalkoholiker von der Welt vergessen allein auf dem Klo oder im Auto beim Drogenholen. Gut, der Telekomvorstand vielleicht auch, aber von dem werden später keine Poster gedruckt.

Wieso also sind Castingshows solch ein erfolgreicher Dauerbrenner, und warum fiebert ganz Deutschland jedes Mal wieder mit bei der immer gleichen RTL-Treibjagd nach dem neuen Medienopfer Superstar? Nur wegen dem lustig bösen Bohlen beim zünftigen Zusammenscheißen der weinenden Jungtalente? Oder um fasziniert anzuschauen, mit welch unfassbarer Selbstüberschätzung sich Dutzende genetisch talentresistenter Horrorkandidaten aus dem Gruselkabinett der Evolutionsgeschichte allen Ernstes der Nation als möglichen neuen Topstar zu präsentieren wagen?

Vielleicht liegt der seltsame Wunsch nach Superstarruhm aber auch nur daran, dass viele die Märchen ihrer Kindheit einfach falsch verstanden haben. Sorry, aber nicht jedes hässliche Entlein wird am Ende zwangsläufig zum schönen Top-Model-Schwan! Und nicht in jedem schief jaulenden Knallkopp schlummert in Wahrheit irgendwo ein versteckter, blendend aussehender Weltstar mit Engelsstimme. Irgendwie ist wahrscheinlich jeder Mensch irgendwo schön, nur halt nicht immer im Gesicht. Nicht jede Ente wird Donald Duck, manche wird vielleicht nur süßsauer beim Chinesen. Denn wenn die Welt eines nicht wirklich braucht, dann noch mehr überflüssige Superstars. Allerdings könnte sie schon noch ein paar vernünftige, denkende Menschen vertragen, die ihr Glück nicht bloß darin zu finden glauben, von einer anonymen dösigen Masse künstlich angehimmelt zu werden und die eigene doofe Fresse einmal in jede Kamera der Erde gehalten zu haben. In diesem Sinne: Noch viel Spaß beim Suchen!

# KINDER
# SIND KOSTBAR

Oho, hört hört, das stimmt! Da kann man nur in kollektiver Über-
einstimmung mit ernster Miene zustimmend nicken. Jaja. Kinder
sind unser kostbarstes Gut!

Nicht nur weil sie ohne Murren all unsere unwichtigen Erbinforma-
tionen in die nächste Generation tragen, so niedlich sind und so
angenehm in der Herstellung. Vor allem sind die knuffigen Mensch-
Azubis auch der Treibstoff für die Zukunft und die unfreiwilligen
Nachlassverwalter unserer Gegenwart. Denn sie werden die von
uns angerichtete Scheiße einst ausbaden dürfen.

Okay, sorry, aber seien wir ehrlich – wen von uns kümmert es
denn schon wirklich, ob in hundert Jahren wegen der globalen
Erwärmung am Weihnachtsabend in der Badehose im Schlauchboot
um den Weihnachstbaum gepaddelt wird. Oder ob die plärrenden
Bratzen in den Fußgängerzonen in ein paar Jahrzehnten wegen
unserer Schulden überhaupt noch Rente kriegen oder nur noch
einen Volkshochschulkurs zum Thema „Überleben in der Wildnis"– Hauptsache es brummt jetzt erst mal wieder und wir haben
ein bisschen verdienten Spaß! Fragen Sie doch einen beliebigen
Sechsjährigen, ob er lieber 2074 fünfzig Euro mehr Pflegegeld
möchte – oder jetzt ein schönes Überraschungsei! Er nimmt das
Ei. Und mit etwas Glück ist sogar ein seltener handbemalter Ötzi-
Schlumpfdino mit Lackfehler drin, der ist irgendwann vielleicht
mehr wert als die ganze Rente.

Noch ein Vorteil von Kindern: Man kann sie ganz herrlich verarschen. Und bis sie irgendwann mal groß sind und das merken, hat
man genug Zeit zum Weglaufen. So gesehen verständlich, dass

die meisten Eltern so lieb zu ihren Kleinen sind. Um sie positiv auf sich zu konditionieren, damit sie ihnen später nicht eins aufs Maul hauen.

Andererseits entbehrt es auch nicht einer gewissen Ironie, wenn die ganzen heute oberflächlich vor sich hin duselnden Teenies eines Tages begreifen, dass wir sie mit GZSZ, DSDS und dem Traum vom gestylten Superstarleben nur ablenken wollten, um währenddessen systematisch ihre Zukunft zu versaufen. Haha! Irgendwie ja auch selbst schuld, wenn sie sich für nichts mehr interessieren.

Ich wäre sowieso dafür, das Schulsystem komplett umzustellen, damit wir nächstes Mal beim PISA-Test nicht wieder am Rektum der intellektuellen Nahrungskette verhungern. Einfach der Doofheit der Schüler entgegenkommen und neue Fächer anbieten, die ihren Interessen entsprechen. Statt Mathe, Deutsch und Physik lieber Piercing, Brustvergrößerung und Bulimie. Dazwischen noch eine Projektwoche Arbeitsamt und statt Sport und Schwimmen so was in Richtung Daddeln und Simsen. Als Hauptfach Casting, oder in Vorbereitung auf die spätere Ich-AG: Egozentrik.

Kann mir schon vorstellen, wie die jungen Mädels dann nach der Zeugnisvergabe fröhlich rufen: „Mama, Papa, super – ich hab 'ne Eins in Ego! Aber 'ne Drei minus in Brust..., muss ich mir in den Ferien wohl ein bisschen Nachhilfe spritzen lassen!" Dann könnten auch Naddel und Dolly Buster endlich das Abitur nachmachen. Probleme gelöst, setzen!

# EINSCHALTTEST FÜR DEUTSCH-TV

Endlich greift die Regierung mal durch! In Kooperation mit der GEZ und dem BKA wurde ein bundesweiter Fragebogen für die Fernsehnutzung angefertigt, der sicherstellen soll, dass deutsche Programme in Zukunft nur noch von intelligenten werberelevanten deutschen Zuschauern konsumiert werden.

Ausländische Mitbürger müssen erst einen Wissens- und Wertetest ablegen und sich als verantwortungsvolle Rezipienten im Einklang mit dem Grundgesetz beweisen, bevor sie in unsere Publikumsgemeinschaft aufgenommen werden und eine deutsche Fernbedienung erhalten. Dank einiger weniger psychologisch ausgefuchster Trickfragen sollten wir endlich in der Lage sein, gefährlich radikale Fundamentalisten von vornherein zu entlarven. Jedenfalls die sehr, sehr Dummen. Hier ein paar Auszüge für Sie zum Mitraten – aber Vorsicht, Fangfragen!

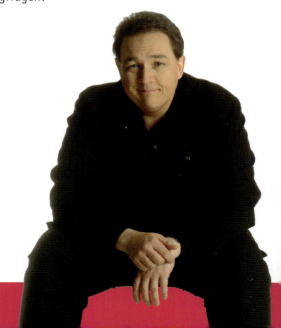

**Aus welcher Sendung stammt der bekannte Satz „Sie sind der Meinung, das war ... spitze!?"**

A: Tagesschau

B: Dalli Dalli

C: Sexy Sport Clips

D: Der Untergang

**Welcher deutsche Arzt entdeckte die Erreger von Cholera und Tuberkolose?**

A: Robert Koch

B: Roland Koch

C: Dr. Brinkmann

D: Dr. Mabuse

**Wie heißt der bekannteste deutsche TV-Entertainer?**

A: Ratzinger

B: Gottschalk

C: Hitler

D: Lippert

**Wer waren „Die Zwei"?**

A: T. Curtis und R. Moore

B: Adam und Eva

C: Mama und Papa

D: Tick, Trick und Track

Worte

42

**Welche Art von Sendung gibt es Ihrer Ansicht nach viel zu wenig im deutschen Fernsehen?**

**A: Zünftige Volksmusikshows**

**B: Zeichenwettbewerbe mit dänischen Karikaturisten**

**C: Live-Übertragungen von Gruppengebeten**

**D: Filme ohne Frauen**

**Wer seine GEZ-Gebühren nicht bezahlt, der bekommt ...**

**A: ... mächtig dollen Ärger**

**B: ... einen Freiflug nach Guantanamo**

**C: ... Hämorrhoiden in der Größe von Bowlingkugeln**

**D: ... das Bundes- verdienstkreuz**

**Es klingelt an Ihrer Haustür. Ein freundlicher Mitarbeiter der GEZ bittet um Einlass und Auskunft über die bei Ihnen vorhandenen Rundfunkempfänger. Wie reagieren Sie?**

**A: Ich bitte ihn herein und zeige ihm alles wie gewünscht.**

**B: Ich sprenge ihn in die Luft.**

**C: Ich sprenge mich und ihn in die Luft.**

**D: Ich sprenge mich und ihn und den gesamten Wohnblock.**

**Was bedeutet die Abkürzung ZDF?**

A: Zweites Deutsches Fernsehen

B: Zu viele Doofe Fressen

C: Zwang Durch Freude

D: Zwei Dutzend Fickfrösche

**In manchen Sendungen werden versehentlich die religiösen Gefühle der Anhänger unterschiedlicher Glaubensrichtungen verletzt. Welches Mittel wählen Sie als Betroffener, um Ihren Unmut zu kommunizieren?**

A: Dschihad

B: Flugzeug

C: Todesstrafe

D: Zuschauerbrief

**Sie sehen nachts auf DSF, wie junge Frauen nackt zu einer Telefonnummer tanzen. Was tun Sie?**

A: Ich rufe sofort dort an, um über das Gesehene zu diskutieren.

B: Ich öffne die Hose und überprüfe meine Genitalien.

C: Ich starte den Videorekorder.

D: Ich starte einen Krieg.

**Nach dem Zweiten Weltkrieg war Deutschland in Besatzungszonen aufgeteilt. Wer waren die vier Besatzungsmächte?**

A: Amerika, Großbritannien, Sowjetunion, Frankreich

B: ARD, SAT.1, RTL, mdr

C: Links, Rechts, Oben, Unten

D: Gut, Böse, Mittel, Weiß nich

**Der 31.10.1954 war für Deutschland ein besonderer Freudentag. Welches Ereignis fand an diesem Datum statt?**

A: Sendestart der ARD

B: Führers Geburtstag

C: Die Mauer wurde endlich fertig

D: Umstellung auf Sommerzeit

**Vollenden Sie folgenden Satz: Das deutsche Fernsehen ist...**

A: ... das beste der Welt!

B: ... wirklich nicht meine Schuld!

C: ... ein Riesen- haufen Scheiße!

D: ... trotzdem kein Grund, gewalttätig zu werden!

Ich sags Ihnen ganz ehrlich: Ich hätte leider nicht bestanden!

# SINNLOS
# IM WELTALL

Der freundliche Kulturkanal arte, den wir rein theoretisch ja alle ausschließlich gucken, hatte letztens einmal wirklich eine richtig coole Idee: Fernsehen für Außerirdische!

Gut, man könnte zwar denken, der Großteil des momentanen TV-Programms werde ohnehin schon längst nur noch für sozial unterprivilegierte Mutanten aus dem Weltall oder extraterrestrische Vorschulamöben produziert, aber dem ist ja gar nicht so. Das sollen ja eigentlich schon Erdenmenschen gut finden, und bisher ist noch kein Kontakt mit Bewohnern anderer Galaxien zweifelsfrei bewiesen worden. Auch die quelläugig-aufgeschwemmten Affengesichter in all den Astroshows sind – zumindest laut Unterlagen der Sendeleitung – sehr wohl der Gattung des Homo sapiens zuzuordnen, wenn auch oft nur auf dem Papier oder in einem sehr frühen Entwicklungsstadium.

Arte allerdings wollte nun diese unsere Menschheit in einem zweieinhalbstündigen Themenabend den interessierten Außerirdischen vorstellen und sendete deshalb einen Abend lang nicht nur über Kabel und Satellit, sondern auch via Parabolantenne Richtung Errai – einem bislang eher so mittel bekannten Stern, auf dem aber die Programmverantwortlichen anscheinend ein paar kaufkräftige Tentakelwesen in der werberelevanten Zielgruppe der 14- bis 49-Jährigen vermuteten.

Die ersten Kritiken von Riegel 7 waren durchwachsen, und ein Planet im Andromedasystem soll nach der ersten Stunde verglüht sein, aber für die war das ja auch gar nicht gedacht. Andererseits ist uns jedoch auch nicht bekannt, ob diverse Welten jenseits der Milchstraße nicht sowieso regelmäßig unsere Programme sehen. Viele der Anrufer, die nachts bei irgendwelchen Spacken-Quiz-Shows mitmachen und auf die Frage „Wie viele Finger hat die Hand?" mit „Welche denn?" antworten, sind vielleicht einfach nur aus einem anderen Sonnensystem. Wahrscheinlich nicht, aber ich könnte besser schlafen, wenn es so wäre.

Grundsätzlicher Schwachpunkt dieser Theorie: Laut arte-Berechnung dauert es ganz schön lange, die Daten durch das All zu beamen, und deshalb wird die ganze Show wegen der großen Entfernung auch erst in ca. 50 Jahren auf dem Partnerplaneten empfangen werden. Was anders herum auch bedeuten könnte, dass das gesamte Programm des ZDF und mdr in Wirklichkeit schon immer eigentlich von Errai aus produziert und gesendet wurde und nur wegen des halben Jahrhunderts Zeitverschiebung für das Publikum so antiquiert wirkt.

Für uns bleibt jedoch die wichtige Frage: Wie werden die Aliens reagieren, wenn sie – durch diese einzigartige arte-Ausstrahlung angefixt – plötzlich auch den Rest unserer TV-Programme verfolgen und uns auf diese Art kennenlernen? Es bleiben da ja nur drei Möglichkeiten:

a) *Der sofortige Start groß angelegter humanitärer Hilfsmaßnahmen für die menschliche Rasse, vor allem psychologischer Art.*

b) *Senden einer Warnung an alle andere Rassen, unser Sonnensystem großräumig zu umfliegen.*

c) *Die komplette Vernichtung unserer Zivilisation.*

Sollte es sich um vernunftbegabte Lebensformen handeln, dürfte das Mitleid mit uns allerdings überwiegen. Die Gefahr eines interstellaren Kriegs ist jedoch trotzdem sehr groß, wenngleich auch eher durch unsere eigene Schuld. Denn es ist damit zu rechnen, dass eine Spezialeinheit kosmonautischer GEZ-Fahnder bereits in diesem Moment eine Invasion von Errai vorbereitet, um dort in 50 Jahren wegen des theoretisch ermöglichten Empfangs eines arte-Programms für ein halbes Jahrhundert Gebühren-Nachzahlungen einzufordern. Und ob sich eine wirklich intelligente Rasse solch eine Verarschung genauso wehrlos gefallen ließe wie wir, bleibt zu bezweifeln.

# KOKSALARM IM DROGENSTADL

Da war ich wirklich geschockt damals, als ich von dem Skandal hörte, für mich brach eine Welt zusammen. Erinnern Sie sich noch an die Meldung? Kokainreste auf dem Klo vom Musikantenstadl! Und das sogar noch zu den seligen Zeiten des großen Moik, dem Goldenen Zeitalter der kollektiven Seligkeit. Ein Fund, der die Medienwelt erschütterte. Auch ich war mehr als geschockt, vor allem, dass dort nicht schon viel früher mal jemand nachgeschaut hatte. Wahrscheinlich dachte man immer, der ganze weiße Staub auf dem Schunkelscheißhaus wäre einfach durch Blähungen in Verbindung mit zu viel Puderzucker im Hintern entstanden.

Dabei ist es eigentlich doch schon immer klar gewesen, dass die gesamte Volksmusikbranche ohne harte Drogen gar nicht existieren könnte. Kokain, Alkohol, Spiritus, Muckefuck, Ecstasy-Einläufe, Viagra, Valium, Vitamintabletten, Cannabis-Würschtl, Psycho-Pilze, Klosterfrau-Melissengeist, Schafsblut, Noten-Narkotika, Schnüffelklebstoff, Red Bull mit Baldrian, Anal-Amphetamine, LSD im Tee, Krötenlecken, Haschkekse, Heroinspritzerl, Opa-Opium, Crackgebäck – trauriger Alltag im volkstümelnden Mindfuck-Stimmungsporno-Biz.

Hartnäckig hält sich die weit verbreitete Annahme, die größten Drugdeal-Umschlagplätze im Medienbereich lägen bei MTV, Viva und all den anderen coolen Superpopstar-Teeniehupfdohl-Ausbildungsbaracken. Völlig falsch! Hier ist außer Cola, ein paar nett gelogenen Worten und einem bebrillten Bravo-Reporter meist gar nichts nötig, um das übermotivierte Jungvolk im Prominenzrausch am Laufen zu halten. Allein die Aussicht auf ein klein wenig öffentliche Anerkennung durch simple Bildschirmpräsenz ohne intellektuelle Anstrengung ist gewöhnlich Anlass genug für einen spätpubertären Hormonkoller. Eine bescheidene Scheiblette imaginären Kurzzeitruhms vor die Nase gehalten und die Natur macht den Rest.

Anders bei den Vertretern aus dem Bereich Volksmusik, zumeist im realen Leben gescheiterte Existenzen, die bereits alles gesehen haben, von allen gesehen wurden und die keiner mehr sehen will. Mehr als alt genug, um zu verstehen, was für einen Irrsinn sie da veranstalten. Der psychische Druck eines Volksmusikers ist für unsereins unvorstellbar – ohne bewusstseinsbetäubende Drogen, die den verkümmerten Restverstand umgehen und das verzweifelt um Hilfe schreiende Gehirn auf Lächel- und Mitklatsch-Modus stellen, würde sich der Organismus wehren und der Körper kollabieren.

So wird langsam auch der wahre Inhalt der klassischen Kollektiv-Gröl-Ballade um den alten Holzmichl deutlich: geboren als Michael Wood, im Herzen ein Rock-'n'-Roller, in der Realität wegen Unfähigkeit zur Volksmusik verdammt. Später ein von falscher Fröhlichkeit zerfressener, drogensüchtiger Heimatmusikant auf Trachtenturkey, von der Koksdrückerkolonne der Randfichten ein ums andere Mal halbtot im Wachkoma auf irgendeinem Stadthallenklosett gefunden und wieder ins Leben zurückgeprügelt, damit er seine Schulden bezahlen kann.

Wer einmal im unbarmherzigen Teufelskreis des Drogenstadls gefangen ist, der kommt nie wieder heraus. Seid gewarnt, Kinder: Keine Macht der Volksmusik! Es lohnt sich nicht.

# REICHTUM IST KEIN KAVALIERSDELIKT

Na da wird doch der Hund in der Pfanne verrückt! Kann man denn niemandem mehr trauen, nicht mal den Betrügern? Da wird seit Jahrzehnten in aller Öffentlichkeit darüber geredet und gelacht, wie einfach man Geld im Aktenköfferchen am Staat vorbei in die kleinen putzigen Steueroasen verschieben kann – und dann kommt eines Tages doch plötzlich glatt heraus, dass diese doofen Reichen das auch wirklich alle gemacht haben! Verdammt, so was konnte ja keiner ahnen, das war doch nur als theoretisches Schlupfloch zum charmanten Staatsbeschiss gedacht. Eine augenzwinkernd dargebotene Möglichkeit zur pfiffigen Fiskus-Verarsche, die selbstverständlich kein anständiger Bürger jemals in Anspruch nehmen würde, eine Möglichkeit, durch Ablehnung seine Staatstreue zu beweisen. Schließlich lieben wir alle unser Land und zahlen Steuern mit Stolz und Vergnügen, fast so gern wie Parktickets und GEZ-Gebühren.

Okay, aber irgendwann ist dank eines wahrscheinlich nicht mehr allzu lang lebenden Informanten dann also doch eine lange Liechtensteiner Liste mit mehreren hundert Namen nationaler Großbescheißer an den BND verscherbelt worden. Blöderweise weckte das aber die so selig dösende Regierung aus ihrer gemütlichen Ignoranzstarre und zwingt sie nun langsam zum empörten Handeln. Und machen wir uns nichts vor: Steuervergehen sind wahrscheinlich das schwerste Verbrechen, das man seinem Staat gegenüber begehen kann, vergleichbar höchstens mit Elternmord. Quasi ein kriegerischer Angriffsakt auf die versorgende Lebensquelle der Nation, der kaltblütige Dolchstoß ins Herz der alten Mutter Heimat. Pfui, das widert mich an, ich möchte spucken! Entlasst die Axtmörder,

Vergewaltiger und Kinderschänder aus den Gefängnissen, damit wir endlich die wahren Verbrecher einbuchten können!

Nur, was tut man mit all den Ländern, die mit diesen feigen Finanzterroristen auch noch kooperieren bzw. ihr schändliches Treiben gar ermuntern? Kann man Liechtenstein einfach wegsprengen? Rein praktisch natürlich, bei der Größe reicht wahrscheinlich eine Packung Chinaböller, und auch von der Bedeutsamkeit im internationalen Politikgeschehen her würde es wahrscheinlich ein paar Jahrzehnte dauern, bis es überhaupt einer merkt. Aber moralisch ist es doch zumindest diskussionswürdig. Außerdem müsste man dann konsequenterweise auch gleich noch Andorra, die Schweiz, Luxemburg und Dutzende herrlichster Südseeinseln plattmachen, da blieben bald nur noch die ganzen langweiligen Großstaaten über, legal, aber potthässlich.

Vielleicht kann ja am Ende wie immer das Fernsehen helfen. Wie wäre es beispielsweise auf RTL statt dem Schuldner- mit dem Beschissberater, prima Geldwäschetipps in „Volle Kasse" im ZDF oder Jürgen von der Lippes Rückkehr zur ARD mit „Steuer oder Liebe"? Klasse Ratgeber- und Spielformate für fast legal erscheinende Tricks und Kniffe, ein paar Milliönchen zu sparen, dann müsste man dafür nicht mehr ins Ausland. Oder man macht daraus eine Castingshow: „Deutschland sucht den Supersünder", der Gewinner darf singen, kriegt einen Kronzeugen-Exklusivvertrag mit der Staatsanwaltschaft und eine neue Identität. Wenn das nicht klappt, kann man immer noch versuchen, ein paar von Frank Elstners Verstehen-Sie-Spaß?-Kameras in den internationalen Tresorräumen aufzustellen, dann könnte die Sendung auch vielleicht zum ersten Mal wirklich lustig werden.

Am sinnvollsten wäre es allerdings, man sperrt einfach prophylaktisch jeden ein, der mehr als eine Million im Jahr verdient, egal ob nun Postchef, Handyhersteller oder Taliban-Berater. Trauen kann man eh keinem.

# WAS MACHT EIGENT-
# LICH ... DER TED?

Lange nichts mehr von ihm gehört. Viele werden ihn wahrscheinlich gar nicht mehr kennen, den TED, der arbeitete früher für „Wetten, dass ..." und andere große TV-Shows und wusste irgendwie immer, wie das Publikum so drauf war. Jedes Mal, wenn sich der Moderator nicht ganz so sicher war, z. B. welcher Kandidat gewinnen und welcher lieber eins in die Fresse kriegen sollte, fragte er den TED, und der sagte ihm das dann.

Heute hat er sich aus dem aktiven Fernsehgeschäft zurückgezogen, macht Stimmungsbarometer-Coaching für junge Meinungsbildner und arbeitet gelegentlich als freier Berater für ein paar niederländische Hotline-Züchter. Er lebt zurückgezogen auf einem kleinen Hausboot an der Ostsee und widmet sich in seiner Freizeit dem Telefonhörer-Kartoffeldruck und der Warteschleifenmalerei. Seine Kinder Sims und Umts sind inzwischen ebenfalls im Medienbereich tätig.

In der Fernsehwelt tummeln sich zahlreiche Gestalten, die kaum einer von uns je zu Gesicht bekommen hat, wir aber trotzdem alle zu kennen glauben, weil sie immer wieder irgendwo irgendwie von irgendwem erwähnt werden.

Beispielsweise der BUZZER – benannt nach einem Fabelwesen aus der griechischen Mythologie und eng befreundet mit dem HOT BUTTON. Die beiden lernten sich bereits als Kinder in den Ghettos von Gütersloh kennen, wo sie gemeinsam einer kriminellen Tretroller-Streetgang angehörten und wegen misslungener Körperverletzung zu lebenslanger Jugendhaft verurteilt, aber wegen annehmbarer Führung wenige Minuten später begnadigt wurden.

Heute arbeiten sie in leitender Tätigkeit als Schutzpatron und psychologischer Motivator in zahlreichen Quiz-Call-in-Shows, um den mental leicht manipulierbaren Moderatoren Angst einzujagen. „Rufen Sie an, der HOT BUTTON kann jeden Moment zuschlagen!", heißt es dann beispielsweise, und das Publikum bleibt dabei und ruft in Scharen an. Die sensible Hälfte, um der armseligen Laberkreatur zu helfen, die vernünftige, um zu sehen, wie die dumme Sau endlich vom zuschlagenden HOT BUTTON vermöbelt wird!

Besonders wichtig bei jedem Programm sind auch die unsichtbare Hildegard QUOTE und ihr Bruder Karl-Heinz MARKTANTEIL. Hervorragende Nebendarsteller und Vollblutschauspieler, die jedes noch so schlechte Format zu retten vermögen. „Ja, der Film war scheiße, aber die Quote war wieder super!", heißt es immer wieder. Obwohl die beiden nicht immer perfekt harmonieren, häufig hört man auch: „Die Quote war schon mal besser, aber der Marktanteil war gestern einsame Spitze!" Harten Konkurrenzkampf gibt es im Fernsehen nun einmal auch unter Geschwistern. Ihre Cousine Hilde MAZ konnte das auf Dauer nicht mehr ertragen und ist deswegen schon vor einiger Zeit abgefahren.

# STURMFLUT ÜBER DRESDEN

Mist, ich glaube, ich hab einen tollen Trend verpasst, bei dem ich gern ganz vorne mitgemischt hätte: das deutsche Emotional-History-Event-Movie-Movie! Der Überfilm-Film-Film, basierend auf wahren Begebenheiten bzw. zumindest auf schon existierenden Filmen. Das Fünf-Punkte-Rezept für den Erfolgsmegamovie-Hit-Hit ist eigentlich ganz einfach:

1. *Nimm ein vom Klang her bekanntes Ereignis oder wenigstens eine mittlere Großstadt oder am besten beides in Kombination (z.B: Das Weihnachten!, Vulkanausbruch über Hannover oder Das Glatteis von Gütersloh).*

2. *Baue für das weibliche Publikum neben der Katastrophe um Leben und Tod einen starken emotionalen Konflikt mit Love-Problematik (z.B. eine Frau zwischen zwei Männern, ein Mann zwischen zwei Frauen, ein Hund zwischen zwei Bäumen, zwei Frauen zwischen sechs Männern oder ein Mann, eine Frau und ein Kind zwischen den Jahren).*

3. *Lass Heino Ferch die männliche Hauptrolle spielen!*

4. *Egal worum es geht, am Ende muss es aussehen wie Titanic oder Pearl Harbor mit ohne Geld und Schiff!*

5. *Denk an Heino Ferch!*

Sollte also Interesse bestehen – hier mein Treatment für den nächsten Super-Quotenbuster: DAS WUNDER DER STURMFLUT ÜBER DRESDEN – LIEBE IN ZEITEN DER LUFTBRÜCKE! Die Story: Dresden 1999. Der Zweite Weltkrieg ist gerade vorbei (wir bedienen uns hier einer kleinen kreativen Anpassung des realen Zeitfensters, weil der triste graue Look der Vierziger für die werberelevante Zielgruppe auf Dauer etwas zu deprimierend wirken könnte. Wir empfehlen daher eher was in Richtung Swinging Sixties, auch alt, aber schön bunt). Weil sie noch Bomben überhaben, fliegen die Engländer immer noch Angriffe über Dresden, um die humanitäre Luftbrücke der Deutschen nach Polen zu verhindern, bei der Kleidung, Nahrung und Gebrauchtwagen über dem Land abgeworfen werden (nicht alle Deutschen waren schlecht! Message!). Fercho Hein (Heino Ferch), ein junges amerikanisches Flieger-Ass, als ausgesetztes Waisenkind aufgewachsen bei einer bettelarmen Bergbaufamilie im Ruhrgebiet (Lengede-West), ist verliebt in die bildhübsche mandelnasige Tierpsychologin Nadja Uhl (Bettina Zimmermann), die ihrerseits allerdings verlobt ist mit dem schmerzhaft attraktiven Donaudampfschifffahrtsgesellschaftsführer Heiner Lauterbach (Heino Ferch), der gerade auf einer Ölbohrinsel in der Elbe als politischer Berater des russischen Präsidenten arbeitet. Heiner ist in Wirklichkeit der Zwillingsbruder von Fercho, da diese als zwei von eineiigen Achtlingen auf die Welt kamen. Bei einer durch ein Erdbeben bei einem Luftangriff ausgelösten Sturmflut erfahren die acht Brüder zum ersten Mal voneinander und müssen nun zusammen die Flutwelle aufhalten, bevor diese zu einem globalen Tsunami anwächst, der die gesamte Menschheit verschlingen könnte … und das alles, während ihr alkoholkranker Vater Heino (Heiner Lauterbach) in einem verschütteten Grubenschacht unter der Entzugsklinik festsitzt und auf Rettung, neuen Sprit und ein paar Nutten (Heinz Hoenig) wartet. Und Nadja gerade ihr Herz an den jungen bumsattraktiven Surflehrer und Atomphysiker Jan Josef Störtebeker (Benno Führmann) zu verlieren droht …

Das jetzt nur mal so als grobe Linie, notfalls geht das natürlich auch als historisches Drama mit Seeräubern oder mit Dieter Bohlen als Zeichentrickfilm. Sollte das ZDF Interesse haben, machen wir einfach alle Personen 30 Jahre älter und lassen die Hälfte der Rollen von Veronica Ferres und dem Affen Charly spielen. Wie auch immer, ich bin zu Gesprächen bereit!

# HEUTE IST MORGEN SCHON GESTERN

Kürzlich las ich in der Zeitung, dass unter all den erschreckenden Bildungslücken unserer Schüler aus der intellektuell schiefer gelegten PISA-Generation das Geschichtswissen in ganz besonders erschreckendem Maße lückenhaft sei. So wurde bemängelt, die deutsche Nachkriegshistorie fiele oft gänzlich unter den Tisch oder würde von manch einem Lehrer bewusst großräumig umfahren.

In einigen aktuellen Schulbüchern bezeichnete man gar die Errichtung der Mauer lediglich als „Umbauung Berlins" oder „arbeitstechnische Notwendigkeit der DDR, damit die Arbeitskräfte nicht wegliefen". Interessant – wenn das wahr sein sollte, müsste man sich über die vielen strunzdoofen Teenager wenigstens nicht mehr wundern, schließlich haben wir sie ja selbst gezüchtet.

Das ist ja auch alles schon so lange her, da weiß doch sowieso keiner mehr, wie das wirklich war, oder? Vielleicht hat es diese so genannte „Mauer" auch nie gegeben, das geht ja heute alles digital, und die Mondlandung war doch auch bloß eine Fälschung, hab ich irgendwo mal gelesen. Als reine Arbeitsbeschaffungsmaßnahme allerdings ist das mal gar nicht so dämlich, unter dem Aspekt sollte man das heute glatt noch mal ins Auge fassen. Dann aber gleich weitermachen und Bayern komplett einmauern, Hessen mit Stacheldraht umzäunen und um Sachsen-Anhalt einen schützenden Schaumstoffgürtel sprühen. Einfach um mal wieder ein bisschen Ordnung in dem alten Saftladen Deutschland zu schaffen!

Grundsätzlich stellt sich einem da ja schon die Frage, wie man die vielen peinlichen Aspekte unserer Gegenwart in der Zukunft wohl überliefern und schönschreiben will. Fotos von Angela Merkel werden wahrscheinlich je nach Verlag durch Bilder von Mutter Beimer, Julia Biedermann oder Veronica Ferres ersetzt, und die Große Koalition erklärt man später vielleicht mit einem verlorenen Wetteinsatz von Gerhard Schröder bei Wetten, dass ...?

Die Präsidentschaft von George Bush ließe sich eines Tages leicht als fortschrittliches Sozialprojekt der Amerikaner verkaufen, auch geistig zurückgebliebene Mitbürger aktiv in das politische Geschehen zu integrieren. Der Einmarsch in Bagdad ginge gut durch als groß angelegter Demokratie-Workshop auf Einladung der irakischen Regierung, bei der die amerikanischen Au-Pair-Jungs ihre Gastgeber mit selbst gemachten Sprengkörpern und MG-Salven überraschten. Wofür diese sich im Gegenzug höflich mit Erdöl-Präsenten als Mitbringsel für die Daheimgebliebenen bedankten, sofern die handgefertigten Bombengürtel gerade aus waren.

Die generellen wirtschaftlichen Misserfolge bei uns können wir mit der richtigen PR auch super als „Neue Deutsche Bescheidenheit" rüberbringen: dritter Platz WM, lange Zeit Schlusslicht beim Wirtschaftswachstum, gefühlter Letzter bei PISA ... der bewusste Ausstieg aus dem gefährlich egoistischen Siegerdenken der vergangenen Jahrzehnte. Und unser Fernsehen unterstützt dies durch aktive Kreativitätsverweigerung, um eine bundesweite Überintellektualisierung des Volkes zu verhindern und für eine gleichmäßig sympathische Einheitsverblödung zu sorgen. So betrachtet, macht die beschissene Gegenwart doch wenigstens wieder irgendwie Spaß!

# DIAGNOSE: HOFFNUNGSLOS!

Gut, ich bin kein Arzt, aber wenn ich mir den Patienten Fernsehen in seinem deprimierenden Siechtum so anschaue, dann wäre es meiner laienhaften Meinung nach schon angebracht, so langsam mal die nächsten Verwandten zu benachrichtigen und mit ihnen über die Formalitäten zu sprechen. Lange macht es jedenfalls nicht mehr, wenn das so weitergeht.

Wäre das deutsche Fernsehen ein Pferd, man hätte es längst erschossen. Nicht nur, dass schon seit Jahren nichts als virulent sinnfreier und das intellektuelle Immunsystem der Zuschauer angreifender Programmeiter aus den Kanälen tropft, nein, viel schlimmer noch: Das Medium selbst scheint seinen Lebenswillen aufgegeben zu haben.

Mein Gott, wie fröhlich und verspielt haben wir es doch alle noch von damals in Erinnerung – es wollte etwas bewirken, unterhalten, informieren, überraschen, atmen, frei sein! Zugegeben, nicht immer konnte es seine hochgesteckten Ziele auch wirklich erfüllen, aber – hey! – es war jung und brauchte das Geld! Schließlich machen wir alle Fehler.

Doch irgendwann wurde es träge, müde und korrupt. Plötzlich war ihm die Befriedigung seines Publikums egal, seine einstige Aufgabe und Motivation wurde zur Last. Das Organgeflecht verfettete, Faulheit und Arroganz schlichen sich in das vegetative Telesystem, und auf einmal ging es ihm nur noch um unauffälliges Überleben ohne größere Anstrengung. Die Sender bemühten sich nicht mehr um neue Ideen, die Kreativität verkümmerte. Es wurde zur Angewohnheit, schlecht und billig die Formate der Konkurrenten zu kopieren, irgendeinen armen Sündenbock mit der Produktion der ganzen zum Tode verdammten Scheiße zu beauftragen und früh Feierabend zu machen.

Dies inzestuöse Verhalten führte zu genetischen Mutationen und geistigen Behinderungen bei Redakteuren und ihren erzeugten Produkten, das System erkrankte an sich selbst. Nur niemanden schien es zu kümmern! Wachen Auges beobachtete das Fernsehen, wie ihm die Eier verschrumpelten, wichtige Organe tumorartig anschwollen und Extremitäten abfaulten, während es sich in debiler Freude damit tröstete, dass dafür ja genügend neue bösartige Programmgeschwüre und Mitesserkanäle aus den Poren schossen.

Die Zuschauer allerdings sahen weiter ungeschützt fern, ohne zu wissen, dass sie sich dadurch langsam und stetig vergifteten und die gehirnzersetzenden Bakterien in ihren Blutkreislauf aufnahmen. Auf einmal konnte man nicht mehr auseinanderhalten, wer eigentlich mit mehr Blödigkeit geschlagen war: der Produzent oder der Konsument des mentalen Killervirus. Wer das TV-Gerät einschaltete, starrte in die Augen seelenloser Astrozombies, rattiger Reality-Vortäuscher und amöbenartiger Arschgeigengesichter im Telefonquizdelirium. Nichts weiter als gesendete Symptome eines verrottenden Organismus. Und traurig mussten wir erkennen, dass unser geliebtes Fernsehen sich aus purer Dummheit freiwillig ins künstliche Koma versetzt hatte.

Doch wer weiß, vielleicht erwacht es ja eines Tages genauso freiwillig wieder daraus, weil ein tot geglaubter Restintelligenzfunke sich selbst entzündet und eine Kettenreaktion auslöst oder weil ein schöner Prinz in hundert Jahren die Dornenhecke zerteilt und es wachküsst. Vielleicht sollten wir aber auch einfach barmherzig sein und langsam die Geräte abschalten.

# MAMA, WO KOMMT DIE QUOTE HER?

Eine Frage, die irgendwann einmal jedes Kind seiner Mutter stellt. Meist lächelt sie dann liebevoll, streichelt ihrem kleinen Liebling über das Köpfchen und sagt: „Die Einschaltquote, das sind wir alle, mein Schatz. Wenn du dir etwas im Fernsehen anschaust, wird das registriert und du selbst wirst zur Quote, die deine Sendung ernährt. Und eines Tages, wenn du vierzehn Jahre alt bist, passiert etwas ganz Wunderbares, denn dann schlupfst du aus deinem uninteressanten Kackbratzenkokon und verwandelst dich für die nächsten 35 Jahre in einen herrlichen Werberelevantenzielgruppen-Schmetterling!"

Und spätestens jetzt wäre es für das lauschende Kleinkind der richtige Zeitpunkt, seinem Mütterlein die Breischüssel über den Kopf zu stülpen, denn all das ist nichts als unsinniger Aberglaube und hanebüchener Mumpitz!

Auch auf die Gefahr hin, Illusionen zu zerstören oder belehrend zu wirken, möchte ich heute einmal ein paar Dinge klarstellen: Es gibt keine real existierende Quote! Sie ist ein Mythos, eine angenommene Größe, die gefühlte Temperatur des Fernsehens, die Wahrheit, die irgendwo da draußen liegt, vor allem aber keine real gemessene Zahl.

Ob Sie, geschätzter Leser oder gar Leserin, Ihre Lieblingssendung schauen, aus Protest ausschalten oder vor Wut das Gerät mit der Axt zerhacken, erfährt niemand auf der Welt und interessiert keine Sau. Der Nichtwähler wird zumindest durch seine Abstinenz wahrgenommen, der wirkliche Zuschauer aber ist das machtloseste und unbedeutendste Wesen der Welt.

Außer Sie gehören zu den 5640 repräsentativen deutschsprachigen Haushalten, die mit einem Gerät zur Quotenmessung von der GfK-Fernsehforschung versehen wurden, um stellvertretend für uns ca. 73 Millionen Zuschauer über das televisionäre Schicksal dieses Landes zu entscheiden. Nur diese Musterglotzer werden nämlich bei ihrer Nutzung sekundengenau erfasst, so sie sich denn auch immer brav und ehrlich via Fernbedienung an- und abmelden.

Wobei es rein theoretisch schon möglich ist, dass kranke Kreaturen darunter sind, die z. B. die Gesellschaft so sehr hassen, dass sie jeden Tag für so viele imaginäre Personen wie möglich Barbara Salesch einschalten und dann aus dem Zimmer rennen, nur damit die Zahlen weiter stimmen und wir alle auf ewig unter der roten Dampfschnecke leiden müssen.

Was wir als so genannte Einschaltquote in konkreten Ziffern ser-

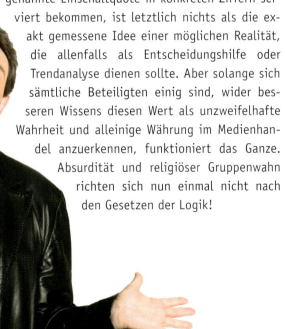

viert bekommen, ist letztlich nichts als die exakt gemessene Idee einer möglichen Realität, die allenfalls als Entscheidungshilfe oder Trendanalyse dienen sollte. Aber solange sich sämtliche Beteiligten einig sind, wider besseren Wissens diesen Wert als unzweifelhafte Wahrheit und alleinige Währung im Medienhandel anzuerkennen, funktioniert das Ganze. Absurdität und religiöser Gruppenwahn richten sich nun einmal nicht nach den Gesetzen der Logik!

# BESTICH MICH, BABY!

Es tut mir leid: Ich habe mich geirrt! Ich ließ mich leiten von billigen Vorurteilen, habe nicht richtig überlegt und muss mich dafür nun entschuldigen.

Früher dachte ich immer, die GEZ bestände ausschließlich aus geldgierigen Geldeintreibern, stasiesken Drückerkolonnen und schmierigen Halsabschneidern, die von morgens bis abends wie Dagobert Duck kohlegeil in ihren dunklen Geldspeichern hocken und sich neue irrationale Begründungen und Eintreibetaktiken für ihren moralisch verwerflichen Inkassoterror ausdenken. Stimmt aber nicht!

Als ich letztens lesen musste, dass diverse Razzien in der GEZ-Zentrale wegen mutmaßlicher Bestechungsvorwürfe durchgeführt wurden, wurde mir klar, dass ich unrecht hatte. Das sind auch nur Menschen wie du und ich! Die gern mal heimlich die Hand aufhalten oder auf Gutschein im Puff den Lümmel eintunken, ganz normale sympathische Leute. Leider nicht alle, denn laut Staatsanwaltschaft soll es sich ja nur um Einzelfälle handeln, aber immerhin, besser als nichts!

Außerdem ging es auch nicht um wirklich große Summen, sondern nur jeweils einige popelige tausend Euro auffe Hause inne Waffel zum Mitnehmen, ein paar Formel-1-Tickets und diverse konstitutionelle Bordellbesuche mit Quittung zum Absetzen. Nun gut, wir wollen nicht vorschnell mäkeln, man wird ja nicht von heute auf morgen zum Peter Hartz, der hat wahrscheinlich auch klein angefangen und musste erst mal heimlich üben, bis er in die absolute Korruptionselite im VW-Aufsichtsrat durfte. Betrug und Bestechung wird einem ja nicht in die Wiege gelegt, da muss man schon ganz schön für schuften.

Wobei ich die Diskussion damals auch als ziemlich albern erachte, ob man denn nun das Arbeitslosengeld weiterhin „Hartz IV" nennen sollte oder nicht, nachdem man nun doch wüsste, dass der Erfinder der neuen Volksarmut in Wirklichkeit ein vorbestrafter Wirtschaftsbetrüger ist. Quatsch! Die Arbeitslosen sollten dies vielmehr als Ansporn dafür sehen, die Eigeninitiative zu ergreifen und selbst den Staat zu bescheißen, vielleicht kriegen sie dann am Ende auch eine halbe Million Jahresrente als Dank für den kollektiven Kniefick.

Außerdem könnte man die Autobahnen auch endlich rückwirkend in „Hitler-Schnellstraßen" umbenennen, Ehre wem Ehre gebührt, wir brauchen uns nicht mehr vor unserer Vergangenheit zu verstecken! Schluss mit dieser mädchenhaften Political Correctness, wir können froh sein, wenn Leute wie der Hartz Peter seinen Betriebsrat auf Firmenkosten in den Puff nach Barcelona einlädt, anstatt die billigen Asiaten zum Schraubenfestdrehen an der Golf-Heckklappe einzukaufen.

Korruption ist das Trinkgeld der Weltwirtschaft, wir müssen endlich lernen, mit dem groß angelegten Beschiss zu leben, wenn wir wettbewerbsfähig bleiben wollen. Ehrlichkeit ist ein Zeichen von Schwäche und kapitalistischer Naivität, international kann man so nicht ernst genommen werden.

Ich jedenfalls stehe für Bestechungsversuche, egal in welcher Größenordnung, jederzeit gern zur Verfügung, denn ich glaube an die deutsche Wirtschaft! Selbst wenn ich dafür meine eigenen Prinzipien aufgeben muss – ich tue es für mein Vaterland! (Seriöse Angebote bitte an den Verlag oder www.kalkofe.de, Stichwort „Patriot")

# ZU DOOF
# ZUM WOHNEN

Irgendwie schon seltsam: Die besten Quoten erzielen jetzt schon seit Ewigkeiten all jene qualvoll unspektakulären Shows, in denen dicke oder sehr dicke Frauen in hässliche oder extrem hässliche Wohnungen einmarschieren, alle Eingeborenen rauswerfen, die Einrichtung abfackeln und dann mit ein paar neuen Ikea-Möbeln und Gummibäumen das Wohnzimmer im ehemals Gelsenkirchener Barock zu einer orientalischen Opiumhöhle mit skandinavischer Kinderkrabbelecke im Bauhaus-Stil umgestalten. Oder aus Papas alter Kackstube eine romantische Rektallounge mit Chill-out-Corner und Plüschpissoir kreieren.

Das Ganze ist noch langweiliger, als Opa an der Laubsäge zu filmen, das Publikum aber scheint es unverständlicherweise zu mögen. Genauso wie diese ganzen aufgeblasenen Koch-Happenings, in denen wir lernen können, wie man aus einer Dose Ravioli, zwei Sardinen und einer Flasche Underberg ein Gourmetdinner für zwölf Gäste zaubert. Manche Formate präsentieren auch selbst ernannte Promi-Darsteller beim Pfannkuchenfalten, die sich dann gegenseitig einladen müssen und uns zeigen, wie lustig eine Tüte Salz sein kann, wenn man nur laut genug darüber lacht. Ja klar, totale Scheiße das alles, braucht kein Mensch, sind aber absolute Zuschauermagneten!

Höchstens noch getoppt von den aus der Hölle der TV-Vergangenheit wieder ausgespienen schweinelustigen Clipshows, in denen fette oder monsterfette Moderationsmutanten im Spaßkoller krisselige Heimvideos zeigen, auf denen Kleinkinder mit dem Roller gegen eine Ziegelwand fahren oder Folkloretänzer auf Hundekot ausrutschen und mit dem Arsch in eine Kreissäge fallen.

Was will uns das sagen? Warum guckt man so was? Wahrscheinlich sind wir einfach alle zu doof zum Wohnen! Fressen geht gerade noch, aber selber Schnittchen schmieren ist schon ein Fall für die Krisen-Hotline. Da ist das schon ganz hübsch, im Fernsehen zu erleben, dass andere Leute genauso dämlich sind wie man selbst.

Denen kann man dann bei der aktiven Existenzhilfe zusehen und vielleicht noch ein paar tolle Tipps aufschnappen. „Aha, die haben sich 'ne Lampe gekauft, diese Füchse! Deshalb ist es bei denen abends so hell!" oder „Verdammt! Eine Tür! So sind die also da rausgekommen ...!", mag es da manch verdutztem Zuschauer durch das hohle Hirn hauchen.

Das hat zwar nichts mit Unterhaltung zu tun, aber die brauchen wir eigentlich auch gar nicht mehr. Die Zeiten haben sich geändert, und damit auch die Anforderungen des Publikums an die Glotze.

Früher war das Leben an sich schwer genug, und wenn man vor lauter Plackerei überhaupt dazu kam, ab und zu mal das Gerät einzuschalten, wollte man abgelenkt werden. Heute ist überall um uns herum die Luft sowieso bereits derart mit Fun und Freude angefüllt, dass wir das Fernsehen eher dafür brauchen, uns zwischendurch zu zeigen, wie eigentlich das normale Leben funktioniert. Gepaart mit etwas Schadenfreude, was die eigene Doofheit entschuldigt und wieder etwas erträglicher macht.

Am schönsten wäre demnach ein Format, bei dem nicht ganz so dicke Moderatorinnen mittelhässliche Wohnungen renovieren und zwischendurch in offene Fahrstuhlschächte fallen, während mäßig bekannte Promis mit Steuernachzahlung das Essen vorbereiten und sich beim Zwiebelschneiden den Fuß absäbeln. Im Hintergrund könnte noch ein Hund beim Sex mit einem Stofftier vom Küchentisch fallen, genau auf das dreijährige Kind mit dem Dreirad, das dann mit dem Kopp gegen das Goldfischglas knallt. Das Ganze noch als Castingshow mit Nina Hagen, ihrem Psychiater und Detlef D! Soost in der Jury, und die Quoten wären unschlagbar!

# DES RÄTSELS LÖSUNG

Was ist eigentlich der Sinn des Fernsehens? Wozu wurde es erfun-den und was will es bloß von uns? Die Zuschauer erfreuen und un-terhalten? Niemand würde so zynisch sein, dies zu behaupten. Das Publikum bilden? Sehr lustig. Uns alle einfach verblöden? Fraglos, wahrscheinlich aber nicht zielgerichtet.

Seit Jahrzehnten zermartern Wissenschaftler und Philosophen sich die Schädel über diese zentrale Frage der Menschheit. Wenn die Endprodukte des Mediums schon keine plausible Antwort auf ih-ren Zweck geben, wozu existiert der gigantische TV-Apparat dann überhaupt? Die Lösung ist so simpel wie einleuchtend: um die vielen tausend unvermittelbaren Arschgeigen von der Straße zu kriegen, mit denen sich sonst kein Schwein abgeben will!

Diese Theorie ist leicht zu beweisen: Überlegen Sie einmal, wel-che Menschen Sie persönlich kennen, die beim Fernsehen arbeiten. Wahrscheinlich keine, weil in unser aller Interesse ihr Kontakt mit der Außenwelt möglichst gering gehalten wird. Sollten Sie das Pech haben, trotzdem Patienten innerhalb der medialen Chaoten-krippen privat zu kennen, werden Sie wahrscheinlich wissen, was ich meine.

Nehmen wir beispielsweise die Spezies „TV-Redakteur bei einem Privatsender". Ein gewöhnlich unterdurchschnittlich begabter Langzeitpraktikant mit Profilneurose, unter kreativer Magersucht und Konzentrationsstörungen leidend, anfällig für alle Arten be-wußtseinsankurbelnder Designerdrogen und von pubertären All-machtsfantasien besessen. Könnte auch im mittleren Militärdienst tätig sein, ist dafür aber meist zu undiszipliniert oder einfach zu schissig. Alles Menschen, die im normalen Berufsleben scheitern oder ständig eins in die Fresse kriegen würden. Und die deshalb ihren Minderwertigkeitskomplex durch die imaginäre Arbeit bei einem wichtigtuerischen Medium mit vermeintlich bedeutenden Entscheidungen in virtuellen Sendungswelten zu kompensieren versuchen.

Gut, dass man diese asozialen Randgruppen artgerecht im Fernsehbereich loswerden konnte, genau wie die so genannten „Mitarbeiter des öffentlich-rechtlichen Rundfunks". Im Grunde nichts weiter als gewöhnlich verwesende Verwaltungsbeamte mit minimalem Eigengestaltungszwang, die z. B. unaufgefordert Radiergummis nach Größe ordnen oder lustige Männchen aus Büroklammern biegen. Im normalen Beamtenapparat aus Gründen der Anarchie-Prophylaxe nicht tragbar, im Alltag ohnehin unerträglich, bei ARD und ZDF mit der explosiven Mischung aus gelebter Lethargie und rudimentärer Kreativitätskruste fast schon überqualifiziert. Nicht zu vergessen all die unsympathischen, realitätsfremden und kurz gesagt einfach komplett bescheuerten Prominenten, die in freier Wildbahn wahrscheinlich keinen Tag überleben würden, weil selbst die überzeugtesten Tierschützer bei ihnen aus Rücksicht auf die Allgemeinheit zum Gnadenschuss tendieren würden.

Seien wir also froh, dass es das freundliche Fernsehen und seine geschlossenen Anstalten gibt, und gönnen wir den Insassen ihre Spielwiese, solange sie uns dadurch nicht privat auf die Eier gehen. Die dabei ausgeschiedenen Programme sollten wir aus Gesundheitsgründen am besten einfach ignorieren.

# BRAIN OVER!

Daddeln macht doof! Genau. Haben wir ja eigentlich auch immer schon geahnt. Und ewiges Schubbern am Joystick verursacht außerdem Sehschwäche und ein krummes Rückgrat, das wussten wir Jungs sogar bereits vor Erfindung der Playstation.

Aber jetzt hat es endlich auch einer quasi irgendwie bewiesen. Ein Japaner übrigens – das sind diese lustigen vergilbten Männlein, die immer grinsen, überall ungefragt die Schuhe ausziehen und ihr Wiener Schnitzel mit Holzstäbchen löffeln. Sonst aber ganz pfiffige Leute. Eigentlich haben die uns diese ganze Videospielerei sogar eingebrockt, aber jetzt kommen sie einfach fröhlich angeschissen und erzählen, dass wir davon langsam einen an der Marmel kriegen. Und machen dann Fotos von uns, wie wir blöd gucken. Ziemlich unfair eigentlich.

Doch was kann man schon sagen gegen die Wissenschaft? Sie meint es ja eigentlich nur gut, und ein eifriger Professor der Gameologie

scheint nun halt kürzlich herausgefunden zu haben, dass Vielvideo-spieler unter Konzentrationsschwäche leiden und mit Einschrän-kungen der Kreativität und des Empfindungsvermögens zu rechnen haben. Andererseits werden sie aber auch viel schneller aggressiv und kommen bedeutend schlechter mit ihren Mitmenschen aus. Es ist also nicht alles nur negativ.

Dummerweise zeigte sich allerdings auch bei andauernder Absti-nenz von der virtuellen Entertainment-Apparatur keine wirkliche Besserung – was zweierlei bedeuten kann, nämlich a) alles gequirl-te Forscherkacke oder b), wer einmal über längere Zeit gespielt hat, ist zur schleichenden Verblödung verdammt, komme, was da wolle. Ist der Video-Hirni-Virus erst einmal in den Brägen geladen, kämpft er sich gnadenlos durch die gegnerischen Restverstands-zonen bis hin zum Level „Licht ausknipsen". Dann sitzen wir nur noch vor dem Fernseher und sabbern auf die Socken oder packen statt Pausenbroten die Pumpgun in den Schulranzen. Ein tristes Leben ohne Alternativen im emotionalen Vakuum dank digitaler Unterhaltung – eine düstere Zukunftsvision, die alle übereilt mit dem Moralfinger wedelnden Profi-Pessimisten gerade nach zahl-reichen erschreckenden Schulschießereien nur allzu gern an die Klagemauer kritzeln.

Doch ist die Welt wirklich voll potenzieller Konsolenkiller und Spielhallenattentäter? Fördert ein Fantasyrollenspiel am Computer das kreative Denken wahrhaftig weniger als eine Stunde Malen nach Zahlen oder eine gepflegte Laubsägearbeit? Möglich ... bisher ist halt noch kein Makrameemassaker im Klöppelkurs der Volks-hochschule bekannt geworden. Was jedoch nicht heißt, dass dort die Rübe weniger geflutet würde. Aber vielleicht ist genau das ja des Rätsels Lösung: nichts ist leichter, als einfach bekloppt zu werden, und nichts verblödet mehr als das Leben selbst!

Die Welt ist voller Wahnsinn – wo man ihn sich nun genau runter-lädt, ist nebensächlich. Und letztendlich reine Geschmackssache. Worte

# DIE AFFÄRE
# „HOT BUTTON"

Da war ich aber schon schockiert, als ich in dem unseriösen Spaßmagazin Plusminus des dubiosen Rentnerspartenprogramms ARD einen Bericht sehen musste, in dem frech behauptet wurde, bei meinem Lieblingssender 9live ginge es nicht immer so ganz total zu hundert Prozent mit rechten Dingen zu. Ziemlich dreiste Behauptung. Ich persönlich kenne kaum einen Sender, der so transparent und offen bescheißt wie der! Den ehrlichen Wunsch, Zuschauer abzuzocken, reinzulegen und übers Ohr zu hauen, sollte man außerdem nicht gleich Betrug nennen, da wäre ich ganz vorsichtig.

Grundsätzlich muss man anerkennen, dass ein Qualitätsprogramm wie 9live auch Geld verdienen muss, und das nicht zu knapp. Zuerst mal sind da jede Menge Ausgaben: eine Art kleines Studio mit Lampen, manche sogar bunt, ein Flipchart, Edding-Stifte (mehrfarbig), Tesa-Film, Reißzwecken, nummerierte Pappkartons und, und, und, nicht zu vergessen die Hightech-Telefonanlage zum Abkassieren der Anrufer. Dann die zahlreichen ehemaligen Trickbetrüger, Hütchenspieler, Heiratsschwindler, Schnürsenkelverkäufer, Hobbygauner und Kante-ans-Bein-Laberer aus dem Hackfressenbereich, die erst einmal zum sinnfrei plappernden Animierschwätzer mit moralischer Neutralität auf Brüllaffenniveau umgeschult werden müssen.

Dazu noch all die anderen Mitarbeiter, die sich die vielen schwierigen Fragen ausdenken („Automarken mit S!", „Tiere mit nur einem Kopp!", „Wörter mit mehr als einem Buchstaben!") oder die ganzen Beschwerden von verarschten Kunden und der Landesmedienanstalt beantworten müssen. Vermutlich größtenteils junge sympathisch-halbseidene Hallodris, die nirgendwo sonst im TV-Bereich einen Job kriegen und auf der Straße aus Frust Omas die Handtaschen oder Hartz-IV–Empfängern das Gnadenbrot klauen würden. Allein dieser Aspekt der Resozialisierung möglicher Kleinkrimineller verleiht der Arbeit von 9live einen tieferen Sinn. Und ganz bestimmt spenden sie auch eine Menge an wohltätige Zwecke.

Den meisten Ärger bekommt derzeit allerdings der Hot Button, dem man vorwirft, er wäre gar kein technologisches Spitzenprodukt, das aus dem Wust der Anrufer nach fairem Zufallsprinzip neutral Einzelne auswählt und in die Sendung schaltet. Außerdem hat ihn anscheinend bisher noch niemand wirklich gesehen, das Phantombild zeigt nur eine glänzende rote Glatze.

Wie sich jetzt herausstellt, ist er allem Anschein nach vielmehr eine Art göttliche Allmacht, der mit seinem Sohn Buzzer zur Rechten im Himmel sitzt und durch seinen irdischen Vertreter, den Redakteur, seine Güte auf die Gemeinde der gutgläubigen Bekloppten wirken lässt. Natürlich kann jederzeit theoretisch ein Glücklicher ins Studio gestellt werden, der Hot-Button-Papst muss aber eben erst spüren, dass genügend Liebe durch entsprechend viele zahlende Anrufer durch die Leitungen geflossen ist, bevor er seinen Segen gibt. Quasi wie in der Kirche, nur dass hier die Predigt erst anfängt, wenn der Klingelbeutel geplatzt ist.

Und das macht letztendlich auch den Charme von Programmen wie 9live aus: Der Sender kann den Betrug ja nur anbieten, der Zuschauer muss sich aber durch einen Anruf selbst entscheiden, ob er auch beschissen werden möchte. Fast schon eine faire Dienstleistung!

# DIE SCHWULE GEFAHR

So, endlich greift mal einer durch zum Schutz der armen Kleinen! Zumindest in Polen. Da hat eine extrem pfiffige Politikerin aus dem Bildungsministerium nämlich gemerkt, dass die Teletubbies wahrscheinlich homosexuell sind, was man dort verständlicherweise gar nicht gerne sieht.

Verraten hat sich vor allem Tinky Winky, die kleine lila Schwuchtel, weil der nämlich eine Handtasche trägt! Brauchen wir noch mehr Beweise? Gut, die Polen sind da sehr gründlich, deshalb wurde jetzt einem Expertenteam anständiger heterosexueller Psychologen die ehrenvolle Aufgabe zugewiesen, die kleinen Teletunten rund um die Uhr zu bewachen und nach versteckten Schwulereien in den Sendungen zu suchen.

Wobei natürlich das meiste sowieso passiert, wenn die Kameras aus sind, wir kennen ja unsere Pappenheimer. Ich kann mir das lebhaft vorstellen: Sobald die Sonne untergeht wird Barbra Streisand aufgelegt, Pfirsich-Prosecco aufgemacht, und ab gehts in die Popo-Polonäse! Der Erste vorne hängt am Staubsauger. Und dann ist Anale Grande mit dem Rosettenkasper, bis die Sonne aufgeht, da kriegt der Arsch kein Auge zu! Pfui, Spinne. Aber am nächsten Morgen für unsere armen Kinder wieder verlogen Winki Winki machen, nee, so was lassen wenigstens die Polen nicht mit sich machen!

Die wollen sowieso in ihrem Land noch härter durchgreifen und Homo-Propaganda generell unter Strafe stellen, vor allem in Schulen. Das kann nämlich sonst ruckzuck die ganze Gesellschaft warm unterwandern, auf einen Schlag ist Polen doch verloren und die

Wirtschaft bricht zusammen. Schwule Männer klauen auch keine Autos, das darf man nicht vergessen. Und das alles nur, weil man nicht aufgepasst und unzensiert die rektal-radikalen Teletubbies auf den Bildschirm gelassen hat!

Interessant, dass die Macho-Ostblockstaaten da ohnehin viel feinfühliger zu sein scheinen als wir verweichlichten Wessis. Neuerdings kann man sich als Schwuler ja sogar sehr gut in Russland verprügeln und verhaften lassen, früher mussten Ausländer für so was noch zu uns kommen. In Deutschland ist es ja dummerweise schon zu spät für repressive Maßnahmen. Wenn wir zur alten Homophobie der frühen Jahre zurückkehren wollten, müssten wir sämtliche männlichen Friseure entlassen, den Großteil unserer Kulturbetriebe einstellen und Köln komplett dichtmachen.

Wobei einige Länder uns natürlich schon auslachen, dass gerade wir Deutschen im Alter auf einmal so tolerant und randgruppenfreundlich werden, während in so vielen Staaten der restlichen Welt immer noch oder endlich wieder der gesund konservative Fanatismus der reaktionär-verbohrten Runzelhirnträger die Oberhand gewinnt. Man kann ja auch nicht alles einfach so durchgehen lassen.

Selbstständiges Denken und Individualität sind die Feinde einer jeden harmonisch gleichgeschalteten Gemeinschaft. Und wenn man nur oft genug betet und den Ansagen der Regierung folgt, lassen sich die persönlichen Gedanken und Vorlieben, eigene Meinung, religiöse Ausrichtung oder Hautfarben ziemlich einfach zurück auf die gesellschaftliche Norm bringen. Denn gemeinsam doof sein macht stark!

# KOCHEN IST COOL!

Was ich so richtig superklasse finde, sind Kochsendungen! Durchgeknallte Profi-Schnitzelbrutzler, die autistisch Rezepte in die Luft labern und uns in die magische Welt von Salz und Bratenfett entführen, während sie ekstatisch zwiebelhackend vor der Kamera herumhüpfen und sich am Soßentopf meditativ in Trance rühren. Oder irgendwelche armen Schweine, die im eigenen Angstschweiß mariniert für ein paar verfressene fremde Knalltüten in ihrer Sozialwohnungsküche ein perfektes 5-Gänge-Angeber-Menü aus der Dose schütteln müssen. Das könnte ich mir stundenlang anschauen, während ich auf dem Sofa liege und den Pizzabringdienst anrufe. Das ist dann fast wie selber kochen.

Früher fand ich das natürlich stinklangweilig, aber inzwischen ist mein Hirn gar gekocht, und ich erkenne den wahnsinnig unterhaltsamen Entertainmentfaktor. Beziehungsweise rede ich mir erfolgreich ein, dass da einer sein muss, sonst würden die Sender ja wohl kaum 200 Speisenzubereitungsformate gleichzeitig über den Äther jagen.

VOX beispielsweise bringt inzwischen fast nichts anderes mehr und soll demnächst in UNOX umbenannt werden. Am beliebtesten sind dort seit jeher die „perfekten Promi-Dinner", bei denen mäßig bekannte Menschen wie kulinarische Kampfhunde aufeinander gehetzt werden und sich gegenseitig in Grund und Boden kochen müssen. Das ist in seiner gigantischen Belanglosigkeit fast schon lustig, und als Zuschauer bleibt man wegen der durchgehenden Langeweile fasziniert dabei, weil man immer denkt, vielleicht passiert ja doch noch was. So definiert man im modernen deutschen

Fernsehen Hochspannung. Manchmal geschieht aber wirklich etwas Spektakuläres, dann fällt ein Topf Sahne um, eine Tüte Reis platzt auf oder einer schlägt vor laufender Kamera einen Hummer nieder, fesselt ihm die Scheren auf den Rücken und wirft ihn in kochendes Wasser, das ist dann auch was für die Hardcore-Horror-Fans in der jüngeren Zielgruppe. Aber so ist das nun mal, die Küche ist kein Kinderspielplatz, und im Krieg und beim Kochen ist alles erlaubt.

Es hat sich aber auch schon eine ganze Menge verändert im professionellen Töpfe-TV. Früher standen da fette alte Säcke im Leinen-Weißwickel mit aufgeblähter Zwergenhaube am Herd und befingerten rohen Schweinebraten. Heute turnen verdammt coole Typen mit Schädel-Shaving und Gemüse-Tattoo in zerrissenen Jeans durch die eigene Loft-Cooking-Lounge, knabbern lasziv an Selleriestangen und geben den Rockstar an der Käseraspel.

Tim Mälzer ist damit sogar auf Live-Tour gegangen und hat vor ekstatischem Publikum auf der Bühne gekocht. Stelle ich mir super vor: hysterische Teenie-Girls im vorgezogenen Klimakterium, die kreischend seine Greatest-Hits-Rezepte feiern und in Ohnmacht fallen, wenn der total verrückte Küchenbulle on Stage seine Eier aufschlägt. Als Zugabe frisst er dann alles alleine auf und lässt am Mikro einen fahren. Als zweite Zugabe mit Stichflamme am Gasherd.

Bestimmt wahnsinnig aufregend, aber ich warte doch lieber auf das Hörbuch, die Verfilmung mit Brad Pitt und das Cook-'n'-Kill-Videospiel für die neue Playstation. Und bestell mir solange noch 'ne Pizza.

# DER FLUCH DER FRÖHLICHKEIT

Der erste April ist ein Feiertag der besonderen Art. Der Papst muss keine Rede halten, niemand hat frei und keiner braucht Geschenke zu besorgen – aber trotzdem haben alle Spaß!

Es ist der international anerkannte Tag des Scherzes. Selbst der verkniffenste Spießer kann sich des gepflegten Schmunzelns nicht erwehren und verspürt beim Blick auf den Kalender den plötzlichen Drang, einen famosen Ulk zu machen. Vermeintlich offene Hosenställe, fehlendes Toilettenpapier, Steuernachzahlungen und gefälschte Schwangerschaftstests regieren dann die Welt und tragen die Menschen auf einer Woge der kollektiven hämischen Heiterkeit. Ein jeder ist beflissen, seinem Nächsten schelmisch ans Bein zu pinkeln und laut „April, April!" zu rufen. Danach kringelt man sich dann gewöhnlich und erfreut sich stundenlang der eigene Pfiffigkeit. Ein herrlicher Tag.

Besonders schwer haben es allerdings wie immer die Medien, denn selbstverständlich erwartet man auch von ihnen einen gepflegten Possenriss. Doch wie soll man die Leute nur jährlich einmal mit der erwarteten witzigen Falschmeldung erfreuen, wenn das professionelle Verarschen des Publikums ohnehin bereits das alltägliche Ziel der Arbeit geworden ist? Da merkt doch keiner mehr den Unterschied!

Im Radio wäre heute wohl der größte Lacher, einmal einen Morgenmoderator zu hören, der in ganzen Sätzen spricht, sich dabei nicht über sich selbst totlacht und bei dessen Superlaune man nicht seinen baldigen Drogentod durch Überdosis befürchten muss.

Im TV hat sich jeder Witz ohnehin längst schon selbst überholt, denn 95% der aktuellen Programminhalte hätte man früher noch nicht einmal als Aprilscherz ernst genommen.

„Pass auf, eines Tages wird man in Fernsehshows heiraten, Prominenten beim Bratwurstgrillen zuschauen, mannigfaltige Geschlechtsteile blank lüpfen und Beträge in Lösegeldhöhe gewinnen können." – „Ach, verarsch dich doch selber!", hätte man seinem dummes Zeug faselnden Gegenüber da geantwortet.

 „Warte nur, irgendwann werden vergessene Gammelstars vom Karriere-Komposthaufen in einem eingezäunten Dschungel-Gulag sitzen und das Publikum damit unterhalten, dass sie Känguru-Hoden und Krokodilpimmel essen." – „Komm, hör doch auf!", wäre man laut für diese Irrsinnsvision ausgelacht worden.

Und wer hätte schon geglaubt, ein Sender würde einmal ernsthaft eine Horde minderbemittelter Dumpfnasen von der Straße weg in ein überwachtes Kotzbrockenterrarium einpferchen und so lange beim Geschirrspülen, Gruppenwohnen und Bockmistlabern abfilmen, bis selbst der letzte Trottel merkt, dass Langeweile auch dadurch nicht spannender wird, dass man sie im Fernsehen überträgt.

Es klingt absurd, aber irgendwo auf dem Weg zum ultimativen Spaß hat der Humor seine Existenzgrundlage verloren. Inzwischen ist alles und jeder lustig, selbst wenn er es gar nicht merkt. Der erste April ist immer und überall, und dem Idioten ist es mittlerweile auch egal, ob man mit ihm oder über ihn lacht, so ganz hat er den Unterschied sowieso nie verstanden. Witzig ist das zwar nicht, aber irgendwie schon komisch.

# WO BLEIBT
# DIE DANKBARKEIT?

Der Zuschauer ist ein undankbares und faules Stück Mistkacke! Tut mir leid, aber das muss hier einfach mal ganz offen gesagt werden, sonst traut sich ja keiner. Die Fernsehstationen sind viel zu höflich, um sich diesen Sachverhalt einmal unverblümt von der Seele zu reden. Aber sie leiden darunter. Und oft weinen sie heimlich. Täglich opfern dort Tausende fleißiger Mitarbeiter ihre Seelen auf dem Altar der privatwirtschaftlichen Unterhaltungsindustrie, in der Hoffnung, den nach Abwechslung dürstenden Massen ein bisschen Sonnenschein in ihren tristen Alltag zu bringen. Eine humanitäre Tätigkeit, vergleichbar mit der eines UNICEF-Botschafters oder Rotkreuzpflegers im Kosovo – außer dass die dort wahrscheinlich nicht so eine Schweinekohle verdienen und den halben Tag im Internet surfen, koksen und Praktikantinnen anbaggern.

Der Zuschauer hingegen lässt sich in feister Überheblichkeit in seinen Sessel plumpsen, drückt mit fordernden Fingern gierig auf der Fernbedienung herum und wartet darauf, etwas geboten zu bekommen. „Unterhalt mich, du Dreck!", ruft er dann seinem Gerät zu und kritisiert mürrisch die Inhalte der um seine Gunst bemühten Programme, falls es diesen nicht gelingt, ihn für einen Moment seine eigene Erbärmlichkeit vergessen zu lassen.

Damals im Pleistozän des Fernsehens, so vor 20, 30 Jahren, als es nur ein staatlich organisiertes 2,5-Programme-Monopol gab, das theoretisch senden konnte, was es wollte, sich das aber nicht traute – ja, da war der Zuschauer noch dankbar! Er freute sich über alles, was ihm vor den Schädel gestrahlt wurde, und sog es gierig auf wie ein Verdurstender, dem man ein Glas Wasser aus dem

Nichtschwimmerbecken anbietet. In den Quizshows jener Zeit, vom Entertainmentfaktor meist irgendwo zwischen Vokabeltest und Nachsitzen, maßen sich unsympathische Streber in eingelaufenen Cordanzügen auf dem Feld der Schlaumeierei und bekamen dafür auch noch Geld statt moralisch verdienter Klassenkeile. Trotzdem freute man sich für sie und fühlte sich unterhalten.

Heute hingegen lassen die Sender ihre Kandidaten lachend in Lebensgefahr schweben, bohren spielerisch in tief sitzenden Psychosen, sezieren deren verkorkstes Liebesleben, initiieren Ehen, Scheidungen und permanente Beziehungsunfähigkeit, belagern ganze Häuser, tilgen Schulden, schüren Hoffnung, zerstören Träume, präsentieren ihre generelle Lebensunfähigkeit und bringen fast jeden dazu, sich öffentlich zum Vollidioten zu machen.

Und trotzdem sind wir noch nicht zufrieden! Wie ungerecht! Glauben wir denn wirklich, irgendein Sender würde sich derart demütigen lassen, solch einen Scheiß freiwillig zu produzieren, wenn es nicht für uns wäre? Für uns kleine Gruppe werberelevanter Zielgruppenmenschen zwischen 14 und 49 und unser bescheidenes Einkommen! Ehrlich – wenn sich all die Ärsche beim Fernsehen ihre selbigen schon derart aufreißen, nur um uns zu verscheißern, dann sollten wir wenigstens Danke sagen.

# WEHRET DEM SOMMER!

Der Sommer, das wissen wir, ist die gefährlichste aller Jahreszeiten. Hinter der freundlichen Fassade der lachenden Sonne verbirgt sich häufig die hässlich strahlende Fratze des Verderbens: Pollenallergien, Dürre, Sonnenbrand, Schwitzflecken, Softeis mit Salmonellen, Waldbrände, geplatzte Grillwürste, draußen nur Kännchen, Fußpilz im Hallenbad. Wie soll man sich da noch ohne schlechtes Gewissen auf die Sommerferien freuen?

Nur gut, dass die Industrie in dieser riskanten Kalenderphase auf uns alle achtgibt und den Markt mit genügend Abwehrmitteln gegen die klimatischen Quartalsattacken ausrüstet. Pre-Sun-Lotion, After-Sun-Milk, During-Sun-Skin-Care, Vorbräuner, Nachbräuner, Zwischenbräuner, Genitalbräuner, Braunbräuner, Mega-Sun-Blocker, Shadow-Terminator, Fuck-the-Sun-Protection-Oil und Sonnencremes auf Gipsbasis mit Lichtschutzfaktor 2012, die es einem erlauben, nackt in einem Atompilz zu stehen, ohne dass die Haut sich rötet.

Eine der neuesten Entwicklungen auf dem Gebiet der Summer-Security-Produkte ist das Sonnenschutzspray für die Haare. Sehr teuer, ebenso wirkungslos und extrem unsinnig – eine gewinnversprechende Kombination für die Frau von heute, die trotz praller Einkaufstüte immer noch Geld überhat und kein gesundheitliches Risiko eingehen möchte, wenn sie mal ohne Hut im angeschalteten Solarium übernachtet. Filtert die durch die Dauerwelle schlängelnden UV-Strahlen, verhindert Strähnchenbrand und schützt vor Haarkrebs. Eine tolle Sache. Auch für die Medien sind die heißen Monate voller Risiken. Wie viele Fernsehformate gingen

schon fröhlich in die Sommerpause, ohne jemals aus ihr zurück-
zukehren? Verschollen im Sommerloch – das Bermuda-Dreieck des
Fernsehens, ein Fall für die X-Akten. Am meisten aber leidet wie
immer das Publikum. 80% des Programms von Juli bis September
besteht aus Wettervorhersagen, Uralt-Wiederholungen, News-Re-
portagen über Eis essende Menschen oben ohne im Stadtpark und
Verzweiflungsausstrahlungen aller gnadenlos vermurksten TV-Ab-
sonderungen, die man sich die anderen Monate nicht zu bringen
getraut hätte. Und die zum größten Teil auch besser noch vor
der Uraufführung wegen grob fahrlässigen Totschlags von Sendezeit strafgelöscht worden wären. Nicht selten kann dies beim Zuschauer zu Hirnjucken, Bläschenbildung an den Mundwinkeln und
schockbedingter Pupillenzerrung führen. Vom Verdauungstrakt
ganz zu schweigen.

Shows, die so uninteressant sind, dass sie noch nicht mal in den
verdienten Urlaub dürfen, werden nicht mehr ins Studio gelassen
und müssen zur Strafe von draußen senden. Dies führt zu perio-
disch wiederkehrenden Open-Air-Entertainment-Perlen wie Barbara
Saleschs Strandgericht, Brit-SAT.1-Sommer-Special: Beach-Karaoke
mit Vaterschaftstest, Florian Silbereisens FKK-Fest der Volksmusik
oder Die Reportage: Lümmelmesse Langeoog. Unterhaltsam wie
ein kleiner Sonnenstich.

Vielleicht denkt die Industrie ja mit und bringt fix noch ein paar
Brain-Blocker, Sendungscremes mit Dummschutzfaktor 12 und
schmerzmildernde After-Glotz-Lotions heraus. Ich würde schon
mal eine große Kiste vorbestellen!

# ABENTEUER URLAUB

Urlaub. Die schönsten Wochen im Jahr. Zeit der Entspannung und inneren Einkehr, die einmalige Gelegenheit, bislang unbekannte Länder und Kulturen unserer wunderschönen Erde hautnah kennenzulernen.

Oder aber – wenn man eine Pauschalreise gebucht hat: Mehr Stress als im Job, ohne die Möglichkeit, sich krankschreiben zu lassen. Zwangsanimierter Promille- und Folkloreterror. Vor allem aber die Peinlichkeit, dem Rest der Welt durch die bloße eigene Existenz ein weiteres Beispiel für die spießige Unerträglichkeit des germanischen Touristentrottels geliefert zu haben. Also eigentlich nichts, worauf man sich freuen sollte.

Dabei liegt die Schuld für ihr unglückliches Auftreten nicht allein bei den Urlaubern. Sie sind einfach nicht genügend vorbereitet! Denn Urlaub hat nun einmal nichts mit der irreal glamourösen Vollfarb-Funwelt zu tun, die uns durch die Werbung, Hochglanzbroschüren oder trendige TV-Travelmagazine vorgegaukelt wird.

Für die meisten Menschen allerdings ist das Fernsehen der Spiegel der Welt. Es zeigt ihnen, wie es draußen hinter der Kabelbuchse in Wirklichkeit aussieht. Der Großteil der Bevölkerung kommt nun mal real nicht raus, sondern bereist die Erde hauptsächlich via Schulatlas und Fernbedienung. Afrika zum Beispiel war für mich jahrelang nichts anderes als Daktari – aber als ich das erste Mal in Tunesien war, gab es nirgends auch nur einen einzigen schielenden Löwen oder lustigen Schimpansen, höchstens mal einen Kellner mit Silberblick oder ein ausgestopftes Kamel mit ulkigem Hut. Zugegeben, ich war sehr enttäuscht, aber Wameru lebt weiter in meinem Herzen.

Einen Großteil der Verantwortung für die geografisch-kulturelle Fehlbildung tragen meiner Ansicht nach die TV-Reisemagazine. Da schlendern gutgelaunte Moderationsmodels kunstvoll relaxend einsame Sandstrände entlang oder erklären lässig Cocktails schlürfend in der Hängematte, wie herrlich es hier doch sein könnte, wenn gleich nach Drehschluss nicht die gierig stampfenden Touristenhorden zur gnadenlosen Büfettattacke durchwalzen würden.

Aber niemand bringt uns den wahren, den ehrlichen Sinn der Happy-Holidays aus dem Überraschungsei der Reisebranche bei, nämlich: Urlaub ist dazu da, um gegen Gebühr beschissen zu werden! Eigentlich genauso wie zu Hause, allerdings ist es dort nur halb so teuer und keiner lächelt dabei. Erholung am Arsch! Zufällige Entspannung, okay, kann passieren, in Wirklichkeit aber soll der Reisende während der kompletten Ferienzeit mental die Rückkehr in die heimische Arbeitswelt ersehnen. Ein großangelegtes Komplott, um dem ausgebeuteten Arbeiter seinen mickrigen Alltag nicht allzu schäbig erscheinen zu lassen! Denn wäre im Urlaub wirklich alles so herrlich wie im Prospekt, würde er wahrscheinlich nicht mehr in die Realität zurückkehren wollen.

Die pauschale Fernreise unterliegt deswegen bestimmten unbeugbaren Regeln, an die sich der tölpelige Torfnasen-Touri ausnahmslos zu halten hat, wenn er nicht physisch und psychisch an der Erholungserfahrung zerbrechen möchte. Urlaub ist kein Kinderspiel und definitiv nichts für Weicheier.

Das Holiday-Survival-Experience-Package beginnt spätestens mit Antritt des Fluges, so man nicht zu den wenigen neidvoll verachteten Begünstigten mit Business-Class-Upgrade gehört. Denn Economy heißt auf deutsch: Erwarten Sie nichts! Das ist nicht besonders hilfreich, schmälert aber die Enttäuschung.

Schon das Wort Abfertigung beinhaltet nicht zufällig fertig. Und wenn der internationale Terrorismus außer einigen feigen Attentaten auch noch nicht wirklich viel Bedeutsames erreicht hat, so Worte doch eines: die seelische Zermürbung des kapitalistischen Individuums durch die verschärften Security-Checks an der Sicherheitskontrolle! Denn seit den Anschlägen vom 11. September gilt ja nicht nur der grimmige Psychopath mit Sprengstoff und 44er Magnum im Handgepäck als potenzielle Bedrohung, sondern bereits die 87-jährige Oma mit Nagelfeile und 4711-Fläschchen ohne wiederverschließbaren durchsichtigen Plastikbeutel.

Das erklärte Endziel der demütigenden Abfertigung und Einpferchung in den Ballermann-Bomber ist die langsame Überführung des bis dahin noch stolzen Einzelwesens in die artig gehorchende anonyme Passagierherde. Der beißende Geruch von kaltem Schweiß, gemischt mit billigem Drogerieparfüm, der zärtlich geschubste Körperkontakt innerhalb einer fremdartigen Gruppe unwirklich erscheinender Ferienzombies, über deren eigene Zugehörigkeit man sich selbst erschreckt – all dies dient der Zermürbung und vermittelt einem das Gefühl, ab jetzt könne es eigentlich nur besser werden. Was natürlich nicht stimmt.

Diese erste Erfahrung mit der dunklen Seite der Erholung hilft allerdings, den folgenden Urlaub für sich als verdient zu akzeptieren. Grundsätzlich unterscheidet sich dabei der Charterflug nur marginal von dem großen Viehtransport nach Virginia City oder den Massenverschiffungen auf den Sklavengaleeren früherer Zeiten. Bloß geschieht hierbei alles mit perfider Freundlichkeit, sodass man sich regelrecht dafür schämt, wenn einem Gedanken durch den Kopf zischen wie: „Gehört es eigentlich zur Standardausstattung, dass einem die seitlichen Sitzlehnen versuchen, die Hüftgelenke zu brechen, oder zahle ich dafür extra? Wieso sind die Mittelplätze nur halb so breit wie die äußeren? Und warum sind sämtliche Sessel so eng ausgemessen, dass selbst unterernährte bulimiekranke Pygmäenmädchen nur unter Schmerzen darin Platz finden könnten?"

Egal, wenn man kaum atmet und sich nicht bewegt, geht es irgendwie – und nach der Landung wird auf jeden Fall applaudiert! Aus reiner Dankbarkeit. Denn nach dem fahrlässigen Tromboseanschlag auf das eingepferchte Beinwerk oder der versuchten Vergiftung durch den geschmacksneutralen Nahrungsreplikate-Snack hätte einen der Pilot auch einfach abstürzen lassen oder über dem Meer aus der Ladeluke schmeißen können, es hätte nicht wirklich überrascht.

Hat man die ramponierten Kofferreste eingesammelt, folgt die Verteilung der überlebenden Urlauber auf die lediglich theoretisch klimatisierten Rudelbusse zum Gefangenentransport in die verschiedenen Hotelvollzugsanstalten. Jedenfalls bis man als Letzter alleine zurückbleibt und erkennt: „Aha, der ausgebrannte Wagentorso ohne Nummernschild mit dem eingespannten halbtoten Esel und dem blinden Kutscher ist also doch für mich!"

Das Abenteuer Urlaub hat begonnen! Kaum hat der Pauschal-Traveller seine aufregende Anreise in der verwirrten Ferienherde überstanden und ist in der zugewiesenen Bettenburg angekommen, wird er zurücktransportiert in die Anfangsphase seiner Evolutionsgeschichte. Er mutiert vom sich anpassenden Rudelreisenden zum skrupellosen Einzelgänger, zum individualistischen Jäger und Sammler, der sich seinen sonnigen Sonderplatz im feindseligen Touristenschwarm erst erkämpfen muss.

Diese Transformation vollzieht sich tagtäglich aufs Neue, wenn er im Schutze des Morgengrauens vorsichtig an den feindlichen Zimmern vorbeischleicht, um mit dem Badetuch seinen Liegeplatz am Pool zu beanspruchen. Diese frühe Fahnenablage des Homo Pauschalicus zeugt von Überlegenheit, sie dient zur Festschreibung der herrschaftlichen Grenzen und zur Markierung des Reviers. Genauso gut könnte man auch einfach auf die Liege pinkeln oder einen elektrischen Jägerzaun drum herum bauen, aber hey – es ist Urlaub!

Die Kampfkraft wird schließlich noch für das allabendliche Buffet-manöver benötigt. Denn die Schlacht um die turmhohe Erstfül-lung des fordernd leeren Tellers mit der im Überfluss dargebotenen ungewürzten Schweinemastspeise, den zerkochten Vortagsfutter-resten und den in Schüsseln geworfenen Salateinzelteilen mit verzierenden Radieschenschnitzereien, kostet Mut und Geschick gleichermaßen. Und die Verdauung des Ganzen läuft ja auch nicht von alleine.

Der ganze Mann ist gefordert, sobald die Situation eskaliert. Wenn beispielsweise ein anderer fetter Arschtourist auf der an-nektierten Liege hockt, irgendeine blöde Kuh einem die letzte frittierte Calamares-Rosette wegschnappt oder der debile Beach-volleyball-Animateur einen in der intensivsten Bräunungsphase zu unnötiger Bewegung überreden möchte. Im Wilden Westen gab es die Lynchjustiz, im Urlaub hilft nur resolute Unfreundlichkeit. Oder glotzen und lästern. Überwachendes Gaffen und spöttisches Tratschen über die anderen Monster im Zoo, möglichst ohne dabei zu realisieren, dass hier die Grenze zwischen Insasse und Zuschau-er unangenehm fließend verläuft.

Die sicherste Methode für einen professionell misslungenen Urlaub ist und bleibt allerdings, sich einfach die „Was-man-auf-keinen-Fall-tun-sollte"-Liste aus dem Reiseführer zu reißen und Punkt für Punkt aktiv abzuarbeiten. Denn wer ohne Sonnenbrand, Salmonel-lenvergiftung und überteuerten Folklore-Trottelnepp nach Hause kommt, ist ein spießiger Versager und hat den wahren Sinn des Urlaubs einfach nicht begrif-fen: nämlich, ganz dringend einen weiteren Urlaub zu brauchen!

# ES WAR NICHT ALLES SCHLECHT!

Jede Wahrheit braucht einen Mutigen, der sie ausspricht. Übrigens auch jede Binsen-, Halb- und Unwahrheit bis hin zu manch gequirlter Scheiße. Zum Glück finden sich aber auch stets genügend mutige Allesaussprecher, die sich gerne reden hören und mutig genug sind, ihre Thesen in die Welt zu blähen, ohne erst lästig darüber nachzudenken.

Die tapfere Eva Herman zum Beispiel, die schon seit langem überall kritisiert und sogar vom NDR gefeuert wurde, nur weil sie im Zuge der letzten Veröffentlichung ihres literarischen Zyklus „Bücher, die die Welt nicht braucht" provokant und keck eben auch mal die positiven Seiten des überall so geschmähten Nazi-Deutschlands herausstellte: „Aber es ist eben das, was gut war, das sind Werte. Kinder, Mütter, Familie, Zusammenhalt!"

Und recht hat sie, denn es war ja wirklich nicht alles schlecht! Die Werte beispielsweise, die vermittelt wurden: dass man stolz sein durfte, der Herrenrasse anzugehören, die Erde von den Untermenschen zu reinigen, stolz und ehrenvoll für deren Vorherrschaft gegen den Rest der Welt Krieg zu führen oder/und ggf. ehrenvoll dafür aufrecht im Schlamm zu sterben etc. Das alles steigerte schon den eigenen Wohlfühlfaktor. Man war schließlich wieder wer, wenn auch nur ein geisteskrankes Arschloch, aber das durfte zum Glück ja niemand sagen. Und das Wissen um die eigene Scheißigkeit bei gleichzeitiger Weltherrschaftseuphorie schweißte natürlich zusammen, innerhalb der Familie wie auch der Partei.

Irgendwie war das schon schön. Mütter wurden noch geehrt und geachtet, jedenfalls solange sie die Fresse hielten und sich um den

Haushalt kümmerten. Aber da sie ohnehin niemand außerhalb der eigenen Wohnung ernst nahm, konnten sie dafür auch angstfrei und ungehindert Schwachsinn labern, ohne dass sich gleich die ganze Nation darüber aufregte. Klar, dass Eva Herman das toll findet.

Auch dass alles innerhalb der Familie noch so wundervoll geregelt war – der Vater hatte das Sagen, die Mutter das Machen und die Kinder das Gehorchen. Bei Problemen im Hierarchiegefüge half eine konstruktive Portion Arschvoll schnell und unbürokratisch zurück in die Harmonie. Man war arm, unterdrückt, meist durch den Krieg zahlenmäßig reduziert, und auf eine gewisse fatalistisch-hoffnungslose Art auch optimistisch. Familienwerte, die in der so genannten „Neuzeit" oft völlig verlorengehen.

Doch wir müssen an dieser Stelle auch kritisch sein. Tolle Autobahnen, Vollbeschäftigung, gesundes deutsches Familienleben – prima! Aber es war nicht alles gut an Adolf Hitler, da würde auch Eva Herman zustimmen. Frisur und Schnurrbart waren nach heutigen Maßstäben eher grenzwertig, und einige seiner politischen Maßnahmen waren schon ein bisschen krass. Ja, es herrschte eine strenge Hand, aber wenn man sich ehrlich und anständig verhielt und halt nicht gerade zufällig die falsche Religion, Hautfarbe oder Meinung hatte, musste man eigentlich auch nicht allzu viel befürchten. Doch trotz all dieser kleinen Schönheitsfehler hat das Volk ihm zugejubelt, und die Quote hat immer recht, fragen Sie RTL! Also kann man gut verstehen, dass Eva ihn liebte. Braun meine ich, nicht Herman. Die mochte nur seine Familienpolitik. Sagt sie zumindest.

# KAMPF DEM TERROR!

Wir können unsere Augen nicht mehr davor verschließen: Der Terror ist mitten unter uns! Wir sind umgeben von Menschen, die uns Böses wollen und unsere Vernichtung planen. Doch endlich ist auch die Bundesregierung aufgewacht und hat ihr Eingreifen angedroht. So soll z.B. die Teilnahme an so genannten Terror-Camps unter Strafe gestellt werden, insofern man nachweisen kann, dass man dies in der Absicht tut, später einmal dadurch der Bevölkerung Schaden zuzufügen. Eine reine Senderführung durch das RTL-Gebäude könnte somit noch gerade als straffrei gelten, ein Praktikum nur, wenn man verspricht, in der Zukunft niemals beim Fernsehen arbeiten zu wollen. Die Teilnahme als bezahltes Publikum bei Richter Hold oder einer vergleichsweise böswillig hirnzersetzenden Mistshow könnte als Mithilfe gewertet werden, wiederholtes Einschalten von ProSieben oder SAT.1 als Anbahnung, allerdings nur wenn der Verfassungsschutz die richterliche Erlaubnis erhält, unsere Fernbedienungsdaten zu überwachen.

Sollte das Ausspionieren unserer TV-Gewohnheiten wirklich wie gefordert über den Verfassungsschutz erleichtert werden, könnte es für viele Zuschauer heikel werden. Wer beispielsweise wiederholt 9live, RTLII oder Formate wie „Das Geständnis" oder „Richter Alexander Hold" schaut, ohne einen abgebrochenen Grundschulabschluss oder eine geistige Behinderung vorweisen zu können, macht sich überaus verdächtig.

Genau wie Menschen, die ihr mehrfaches Einschalten von „Upps – die Superpannenshow" mit „Ich find die dicken Moderatoren lustig!" begründen, eine solch offensichtliche Lüge macht den Ermittler sofort misstrauisch. Mehrfaches Besuchen der Sender-Websites oder wiederholtes Mitmachen bei erkennbar Beschiss-orientierten Gewinnspielen für 50 Cent pro Anruf ist bei auszuschließender Vollblödheit als versuchte Kontaktaufnahme zur Terrorzelle zu deuten und kann zu Untersuchungshaft oder geschlossener Psychiatrie führen.

Ebenfalls diskutiert wird die Möglichkeit, Flugzeuge vom Himmel schießen zu dürfen, wenn ein terroristischer Anschlag zu befürchten ist. Dies ist allerdings moralisch gesehen nicht eindeutig zu bejahen. Wenn man z. B. wüsste, dass sich ausschließlich TV-Redakteure an Bord befänden auf dem Weg zu einer Programmkonferenz, um dort eine neue Casting-/Panel-/Reality-Show zu verabschieden, gut, da würde wohl niemand gegen einen sofortigen Abschuss sprechen, um eine größere Katastrophe zu verhindern.

Was aber, wenn sich unschuldiges Publikum mit an Bord befindet, man kann ja schlecht nur die Business-Class wegsprengen? Und ist schon das Pilotieren einer Scheißidee strafbar oder erst der Versuch, sie auch wirklich auf Sendung zu schicken?

Zudem ist bislang noch nicht geklärt, wie mit den so genannten öffentlich-rechtlichen Splittergruppierungen ARD (Al-Qaida-Resort-Deutschland) und ZDF (Zerstörer-Deutschen-Familienlebens) umgegangen werden soll, deren gesellschaftsfeindliche Aktionen neuesten Erkenntnissen nach sogar durch staatlich genehmigte GEZ (Gewaltsam Eingezogene Zerstörungsgebühren) gefördert werden.

Man muss sich allerdings sehr vor Verallgemeinerungen schützen, sonst kann schnell Panik und Misstrauen unter der Bevölkerung entstehen. Nicht jedes verkokst-verlogen grinsende Schmierlappen-Sackgesicht mit modischer Kurzhaarfrisur im Designeranzug muss zwangsläufig ein Fernsehredakteur sein, der einem den Verstand zerstören will. Manchmal ist es auch bloß ein ganz gewöhnliches Arschloch. Ein präventiver Schlag in die Fresse kann allerdings nur selten schaden.

Worte

# ENDLICH NICHT MEHR ICH!

Eine der schwierigsten Aufgaben im Leben ist es, man selbst zu sein. Schließlich kennt man sich ziemlich gut und weiß, was man für ein Arschloch ist, aber trotzdem muss man irgendwie in Frieden mit sich auskommen.

Entweder man hat damit überhaupt kein Problem und findet sich ohnehin einfach super, dann ist man allerdings meist auch ein Idiot. Oder man ist einigermaßen intelligent und demzufolge mit sich selbst ärgerlicherweise höchst unzufrieden. Allerdings kann man auch einfach blöd sein und sich trotzdem nicht mögen, dann allerdings meist aus den falschen Gründen.

Häufig führt dies in der Konsequenz zu dem irrsinnigen Wunsch, jemand anders zu sein bzw. irgendeinem anderen verkorksten Armleuchter nachzueifern, nur weil man denkt, der wäre cooler als man selber. Besonders gern latscht man dabei in den Fußstapfen so genannter „Stars" herum, die meist bloß deshalb als nachahmenswert erscheinen, weil man die erbärmlichen Versager glücklicherweise nicht persönlich kennt.

Gerade optische Merkmale oder Verhaltensweisen, die bei Prominenten als cool gefeiert bzw. als unvermeidbar akzeptiert werden, funktionieren gewöhnlich im normalen Leben nicht auf die gleiche Weise. So lassen die Fans von Tokio Hotel bei deren Sänger eine auf die Schädeldecke geklebte frittierte Bisamratte glatt als „total süße Frisur" durchgehen, als gewöhnlicher Teenager müsste man wahrscheinlich den Schulpsychiater und das Gesundheitsamt aufsuchen. Im Fernsehen sind all jene „Pimp-My-Fucking-Life"-Formate deshalb schon immer ein Renner, denn mit fachlicher Hilfe kriegt man ja alles irgendwie schöner hin. Und oft wusste man ja gar nicht, dass man all die Jahre eigentlich zu doof für die Welt war und voll am Trend vorbeigelebt hat, obwohl man sich seltsamerweise ganz wohl gefühlt hatte – eine bittere Erkenntnis.

Die Optik ist beim persönlichen Personality-Relaunch stets ein besonders wichtiger Faktor. Also erst mal raus aus den alten Klamotten, ab mit dem Gammel in den Sondermüll, den Hintern in die (neue) Hose und das Gesicht wieder rausholen, ab mit dem Promi-Coach zum Haararchitekten, dann frisches Fressen-Graffiti, crazy Styling, Smiling und Auftreting – fertig ist der neue Mensch bzw. die gleiche alte Hackfresse im überarbeiteten Design.

Ein besonders schönes Beispiel in diesem Zusammenhang ist das trendy-coole VIVA-Show-Format mit der Sandy von den No Angels: „Du bist ...“! Denn egal ob in Wirklichkeit eine dumme Sau oder nur ein armes Schwein, hier wirst du einen Tag lang so professionell umrenoviert, dass du am Ende endlich aussiehst wie dein Lieblingsstar.

Also wenn man z. B. Britney Spears cool findet, muss man 24 Stunden saufen, koksen, Schlübber verbrennen, sich die Omme rasieren, Besserung geloben, sinnlos Scheiße bauen und in die Psychiatrie einliefern lassen. Danach ist man ein Wrack und trotzdem nicht dünner, sieht aber zumindest aus wie ein prominentes Stück Lebensgewölle.

Wer Paris Hilton sein will, muss sich schon mehr anstrengen: totale Hirnamputation, sich bumsen und dabei filmen lassen, wie ein geköpftes Huhn im Drogenkoller über die Autobahn brettern und mit jedem Atemzug die menschliche Intelligenz beleidigen – das ist schon fast zu viel für einen Tag.

Als Fan von Sido hat man es da leichter, man bleibt einfach scheiße, kriegt aber 'nen silbernen Pisspott auf die Rübe gestülpt.

Und als Kalkofe reicht 'ne schwarze Jacke, große Fresse und ein Fatsuit. Endlich ein Format mit Verstand und Niveau!

# AUGEN AUF
# UND DURCH!

Na endlich mal eine gute Nachricht, auf die wir echt stolz sein können: Wir Deutschen sehen wieder mehr fern! In Glotzen eine Eins - jawoll, jetzt geht es aufwärts! Auch wenn wir sonst alles vergeigen, wir sind wenigstens nicht zu blöd zum Gucken.

Durchschnittlich 210 Minuten schaut der Germane laut Statistik täglich in die Röhre – vielleicht deshalb die hohe Arbeitslosenquote. So viel schafft man ja gar nicht mit Job. Die alten werbenichtrelevanten Humpel über 50, die so genannten ZDF-Schunkler, gönnen sich gar über viereinhalb Stunden Brägendusche täglich, davon knapp die Hälfte Werbung. Wie cool wäre das, wenn die jetzt auch noch scharf auf Klingeltöne wären! Oder man den bekloppten Frosch auch auf das Heizkissen runterladen könnte.

Das kaufunwillige Seniorenvolk müsste einfach generell mehr shoppen gehen ... obwohl sie dann ja wieder Zeit fürs Fernsehen verlieren würden. Schlechte Idee. Besser wäre, sie würden den Kasten auf Dauerdröhnung stellen, dadurch komplett kaufgeil, und ließen dann junge kräftige Arbeitslose für sie die Besorgungen machen. Die interessante fernsehrelevante Zielgruppe von smarten, dynamischen 14- bis 49-Jährigen mit zumindest theoretisch dicker Brieftasche, kommt nämlich nur auf ca. drei Stunden am Tag. Das dürfte ruhig mehr sein, allerdings würde darunter wiederum die Konsumzeit leiden. Macht einen betrübt, dass da Rentner und Jungvolk nicht besser zusammenarbeiten. Die Älteren könnten z. B. Notizen machen, was sie so an interessanten Produktinformationen gesehen haben, und diese Empfehlungen dann an ihre Kinder und Enkel mailen.

Ein bisschen Sorge macht mir hier allerdings der statistische Mittelwert. Die 210 Rekordminuten sind ja nur Durchschnitt – das heißt für jeden eitlen Möchtegern-Intellektuellen, der nur „ab und zu mal die Tagesthemen oder eine Dokumentation auf arte" einschaltet, muss es ein armes Schwein geben, das fast den ganzen Tag ohne Pause durchglotzt! Möchte man dafür wirklich die Verantwortung auf sich nehmen?

Wäre es da nicht fairer, sich um seinen täglichen Anteil am Rezipientenkuchen selbst zu kümmern? Nun gut, wenn eine nette Oma sich freiwillig ein paar Stunden mehr vor den Zombiekasten setzt, um ihrem Enkel eine fröhliche Kindheit zu ermöglichen, soll das okay sein. Wenn wir aber eines Tages TV-Weltmeister werden wollen, dann muss jeder Einzelne seine Pflicht erfüllen!

Fernsehen ist erste Bürgerpflicht und Valium fürs Volk, es hilft beim angemessenen Verblöden, um sich der doofen Umgebung anzupassen. Wer täglich seine empfohlenen 210 Minuten fernsieht, dem tut bald gar nichts mehr weh, nicht mal grundloses Lächeln und zustimmendes Dauernicken. Machen Sie mit! Und gute Besserung.

# ICH STREIKE!!!

Wahnsinn, so etwas geht eben doch nur in den total verrückten USA: Das Fernsehen, Motor des passiven Lebens und intellektuelles Formfleisch der öffentlichen Meinung, geistiger Ernährer des Volkes und augenzwinkernder Entspanner der Nation, befand sich monatelang in paralysierter Schockstarre. Der gesamte nationale TV-Apparat war auf Pause geschaltet, beinahe alle laufenden Serienstaffeln wurden unterbrochen und sämtliche Late-Night-Formate mussten aussetzen, stattdessen wurde das Programm mit hektisch herausgekramten Wiederholungen aufgefüllt. Und warum? Weil die AUTOREN streikten!

Zeit für berechtigte Verwirrung beim Leser dieser Zeilen in Deutschland. Autoren? Was ist das überhaupt? Wozu braucht man die denn? Und dürfen nicht eigentlich nur Leute streiken, die richtig arbeiten? Seltsam, was bei den crazy Amis alles so möglich ist.

Wenn z. B. bei SAT.1 der „Autor" (wir nennen das jetzt auch hier mal einfach so) von Richterin Barbara Salesch oder Lenßen & Partner streiken täte, würde man dort herzlich lachen, ihn hochkantig rausschmeißen (sofern überhaupt angestellt) und halt einen anderen Praktikanten bitten, mal bis morgen früh irgendeine Storyline zusammenzutippen oder mit 'nem Wachsmalstift auf einen Bierdeckel zu malen.

Für die meisten deutschen TV-Produktionen reicht im Bewerbungsbogen ohnehin eine Drei minus in Deutsch plus vielleicht noch der Besitz eines illegal kopierten Drehbuchprogramms für den Compi. Wer richtig angeben will legt zusätzlich einen Volkshochschulkurs für „Kreatives Schreiben" oder „Partyspiele und Serviettenfalten" drauf, läuft dadurch aber Gefahr, als hochnäsig und überdisqualifiziert zu gelten.

Betrachten wir einmal sachlich und unvoreingenommen das einheimische Fernsehprogramm, so stellen wir fest, dass der allergrößte Teil unserer Autoren sich bereits seit vielen Jahren im Streik befindet, es nur bislang irgendwie noch niemand wirklich gemerkt hat. Vielleicht weil hierzulande provokante Kreativitätsverweigerung oder das Kopieren von Fremdtexten immer noch als künstlerische Eigenleistung anerkannt wird. Oder weil man bei uns Unterhaltung von jeher als unnützen Kasperkram für den doofen Teil der sowieso dummen Bevölkerungsmasse ansieht, dem man auch aufgeschäumtes Büffelsperma als Latte macchiato verkaufen kann.

Bei einem solchen Selbstverständnis rangiert der Schreiberling ohnehin im untersten Segment der kulturellen Nahrungskette, irgendwo unter der Schuhsohle des Anspruchs, zwischen Pantomime im Park und aufziehbarem Hoppelpenis.

Allein deshalb wäre ein Autorenstreik in Deutschland nicht nur unmöglich, sondern schmerzhaft absurd. Wie soll jemand das Fehlen von etwas bedauern, dessen Existenz er vorher nicht einmal bemerkt hat?

Bei den Lokführern der deutschen Bahn konnte man den Unterschied zwischen „sowieso immer zu spät" und „gar nicht fahren" immerhin doch irgendwann noch mitbekommen, wenn man nur lange genug am Gleis wartete. Aber wir Autoren haben keine Chance. Weshalb ich aus ehrlich gespielter Solidarität für meine Kollegen an dieser Stelle auch bewusst die Arbeit niederlege und die Schlusspointe dieses Texts unter Protest für mich behalte! Und glauben Sie mir: Die wäre echt der Brüller gewesen, von der hätten Sie noch Ihren Enkeln erzählt. Schade. Bedanken Sie sich dafür bei wem auch immer, der blöden Sau!

# SCHEIN UND SEIN

„Du das Aussehen ist nicht so wichtig! Ich würde auch dann nicht mit dir zusammen sein wollen, wenn du weniger hässlich wärst."
Wie oft haben die meisten von uns diesen Satz wohl schon gehört. Zehn Cent für jedes Mal, dass diese Lüge uns verlegen lächelnd aufgetischt wurde, und wir hätten längst die Kohle für die nötige Schönheitsoperation im Sack. Plus Friseur. Falls das überhaupt noch hilft.

Ist ja auch egal, denn es kommt nun mal wirklich nicht aufs Äußere an. Man kann auch depressiv, einsam und abgefuckt sein, wenn man kein kokainsüchtiges Supermodel ist. Geht alles. Erfolgreiche Unzufriedenheit verlangt oft nichts als etwas Kreativität und Mut zum aktiven Pessimismus. Und auch die unter Attraktivitätsmagersucht leidenden Hackfresseninhaber unserer Gesellschaft haben laut Grundgesetz so etwas wie eine Existenzberechtigung, das lernen wir immer wieder.

In Filmen und Serien beispielsweise. Da werden all die lustigen Dicken oder herzensguten Freaks, die sich an der eigenen Schönheit nicht gerade einen Bruch heben können, keineswegs diskriminiert, sondern immer auch irgendwie als Menschen gezeigt und höchstens etwas ausgelacht. Okay, am Ende kriegen die strahlenden Helden und Heldinnen sich dann doch immer nur gegenseitig, und die Nebendarsteller mit geringerer körperlicher Güteklasse paaren sich weiter im inzestuösen Ghetto der optischen Unterschicht, aber c'est la vie. Manchmal allerdings erhält auch das hässliche Entlein überraschenderweise den finalen Begattungszuschlag, doch dann war es in Wirklichkeit gar nicht hässlich, sondern vorher nur zu doof, sich hübsch zu machen.

Dabei gibt sich gerade das Fernsehen in der letzten Zeit sehr viel Mühe, den bekannten Klischees der Äußerlichkeiten entgegenzuwirken. Nehmen wir nur den Fernsehkoch. Der musste früher gemütlich, ältlich und dick sein, eine große weiße Mütze tragen und Mutti entspannt demonstrieren, wie sie für den Sektempfang zu Papas Beförderung den Käse-Igel mit pfiffigen Wimpeln aufmotzt. Heute sollte er eher jung, freakig und cool auftreten, mit rasiertem Schädel und dem Charme eines zu Unrecht vorbestraften Panzerknackers. Vielleicht sogar ein bisschen sexy, die Hausfrau von heute darf ruhig mal von einem gepfefferten Quickie auf dem Küchentisch träumen, so zwischen Braten in die Röhre schieben und Mehlschwitze.

Oder nehmen wir Gärtner und Handwerker: einst schmierbäuchige, unzuverlässige Blaumannzombies mit Bierfahne, die der Dame des Hauses überheblich grinsend zeigten, wo der Hammer hängt und wie man mit seiner Hilfe den Kollegen Nagel eine stabile Symbiose mit der Hauswand eingehen lässt. Heute stöckeln vor allem telegene Blondinen mit massiver Vorbauvertäfelung durch die privaten Wohnbaustellen und nageln selber anstatt sich zu lassen.

Niemand ist mehr so wie sein Abziehbild aus der Vergangenheit. Volksmusikmoderatoren erscheinen zunehmend als frisch durchgeföhnte Gigolo-Zivis denn traditionell als betagt-übergewichtige Trachtenmolche mit Gesichtslähmung. Lebende Litfaßsäulen international erfolgreicher Diätmittelkonzerne laufen neuerdings herum wie überdreht dauerfröhliche ZDF-Fernsehgartenmoderatorinnen aus der vorgetäuschten Harmlosigkeitshölle. Und sogar Politiker bemühen sich vermehrt um ein krampfhaft-lässiges Auftreten, das entfernt beinahe an menschliche Wesen erinnert. Manche Leute lügen halt bereits, wenn sie einfach nur aussehen.

# DAS GROSSE FERNSEH-HOROSKOP

Letzte
100

Hey, du! Na, arbeitest du auch beim Fernsehen und möchtest wissen, was die nächsten Monate dir so für coole Überraschungen bringen werden? Super, dann bist du hier genau richtig! Dieses Horoskop wurde quasi fast nur für dich erstellt, von echten Top-Experten aus dem Bereich Zukunftismus und Sternologie.

**Also – look in and have fun! This is your future!**

| | | | |
|---|---|---|---|
| ≈ | = **Wassermann** | ♌ | = **Löwe** |
| ♓ | = **Fische** | ♍ | = **Jungfrau** |
| ♈ | = **Widder** | ♎ | = **Waage** |
| ♉ | = **Stier** | ♏ | = **Skorpion** |
| ♊ | = **Zwillinge** | ♐ | = **Schütze** |
| ♋ | = **Krebs** | ♑ | = **Steinbock** |

## Wassermann

*Wassermänner sind ehr-
geizig, liebenswert und
dumm wie Brot. Ihr Motto
fürs Jahr: Ach, Scheiße,
das wird doch wieder nix!
Arbeiten Sie (noch) bei
der ProSiebenSAT.1MediaAG
(Familie), schicken Sie
ruhig schon mal eine Schachtel Pralinen an Ihren Sachbearbeiter
im nächsten Job-Center. Glücksmonat: Januar (den Rest vergessen
Sie besser gleich). Liebesleben: kann man nicht wirklich so nennen.
Wird auch nicht mehr besser. Prominente Wassermänner werden in
der zweiten Jahreshälfte noch sehr bedauern, sich nicht rechtzeitig
bei RTL für das nächste Dschungel-Camp beworben zu haben.*

## Fische

*Fische neigen dazu, aus-
genommen zu werden und
nach ein paar Tagen sehr
zu stinken. Lassen Sie sich
dadurch aber nicht den Mut
nehmen, wenn Sie beim
Fernsehen arbeiten, merkt
das keiner. Ein gutes Jahr,
um neue Ideen von Konkurrenzsendern zu klauen oder die Redak-
tionskollegen mit frechen Innovationen aus anderen Ländern aus
dem letzten Jahrtausend zu überraschen. Oder auch, sich einfach
im Büro einzuschließen und totzustellen, falls Sie bei den Öffentlich-Rechtlichen arbeiten. Glückszahl: gar keine. Genießen Sie Ihre
erste August-Hälfte, denn der Monat wird wegen schlechter Quoten
vorzeitig eingestellt.*

## Widder

Frischer Wind ist angesagt! Februar ist ein super Monat, eine neue Telenovela zu starten. Am besten eine mit einer Frau, die sehr doll verliebt ist in einen Mann, der sie auch liebt, aber die beide so kackblöd sind, dass sie 850 Folgen brauchen, um das zu merken, obwohl das jeder Zuschauer schon seit dem Piloten weiß. Titel mit Chancen auf großen Erfolg: „Total verliebt und voll zum Knutschen!" (RTL), „Fella & Latio" – „Zwei Engel für die Liebe" (ARD) und „Lena liebt am längsten" (SAT.1). Glückstag: Gestern.

## Stier

Sollten Sie gerade einen Sender gekauft haben, sehen Sie zu, dass Sie möglichst nicht persönlich haftbar gemacht werden können. Jupiter und Uranus verstärken Ihren Saturn, haben aber schlecht getestet. In Sachen Zweisamkeit läuft es leider nicht ganz so erfolgreich, wie Sie es vorausgesagt hatten, weshalb Sie Ihre Werbungspreise ab April um 30% senken müssen. Da sich keine Erholung abzeichnet, wird der Rest Ihres Liebeslebens ab September am Sonntagvormittag versendet.

## Zwillinge

*Zwillinge arbeiten mit Vorliebe beim Fernsehen. Bei Misserfolg kann jeder immer sagen, der andere sei schuld. Zwillingsmännchen mit Aszendent Arschgeige zieht es verstärkt vor die Kamera. Sollten Sie gerade eine neue Show planen, widerstehen Sie dem starken Einfluss von Jupiter und Silbereisen, das Titellied singen und tanzen zu müssen. Auch die Mars-/Moik-Konstellation mit Borg-Einstrahlung kündet von drohendem Unheil, zumindest für das Publikum. Glückszahl: 666.*

## KREBS

*Mist, Ihr Sternzeichen möchte wirklich niemand haben, nicht mal als Krankheit. Das Jahr wird auch nicht wirklich toll, wenn möglich sollten Sie einfach zu Hause bleiben.*

*Keiner mag Sie so recht, was an den Sternen liegen kann oder daran, dass Sie egoistisch, engstirnig, konservativ, doof und eitel sind. Mit den Voraussetzungen sollten Sie unbedingt ins Fernsehen, am besten als Sportmoderator, Redakteur von RTL-Exclusiv oder Flip-Chart-Quiz-Telefon-Animiernutte bei 9live. Glücksmonat: September 2002.*

## LÖWE

*Das Jahr der Veränderungen!
Machen Sie sich auf einen
rasanten Karrieresprung und
fantastische Überraschungen
gefasst. Als Praktikant
oder Pizzabote bei einem
Privatsender könnte z.B. der
Posten des Programmdirek-
tors winken, als Redakteur
bei den Öffentlich-Rechtlichen wird vielleicht Ihr Drehstuhl neu ge-
polstert. Könnte auch sein, dass Ihre Sendung plötzlich bei Kollegen
und Kritik gefeiert wird und Sie mehrere bedeutende Preise gewinnen. Dann allerdings sollten Sie sich auf die baldige Absetzung
Ihres Formats gefasst machen, denn so was ist meist nicht geheuer
und passt nur selten ins Senderkonzept.*

## JUNGFRAU

*Glückwunsch! Im Februar
gibt die ARD bekannt, Sie zu
Ihrem absoluten Zugpferd
und Flaggschiff diverser
erfolgreicher Sendungen zu
machen! Genießen Sie die
tolle Zeit bis April, wenn der
Vertrag dann aus chronischer
Dusseligkeit wieder platzt.
Nehmen Sie sich den Rest
des Jahres Zeit, um erst
einmal unterzutauchen, an der Dummheit der Welt zu verzweifeln
und der Bank zu erklären, dass Sie Ihre neue Stadtvilla jetzt doch
gar nicht bezahlen können.*

## WAAGE

*Toll! Sie haben eine brillante Idee für ein innovatives neues Showkonzept, dass es so noch nie zuvor gegeben hat! Aber erzählen Sie bloß niemanden in Ihrem Sender davon, sonst sind Sie Ihren Job los! Im Mai finden Sie in der Schublade mit den Menüs der Pizzabringdienste in Studionähe das verblichene Konzept eines mehrfach erfolglos pilotierten grönländischen Comedy-Straßenfegers von 1954. Setzen Sie es in die Tat um – und sausen Sie die Karriereleiter hoch! Glückstag: Montag bis 9 Uhr, bevor die Einschaltquoten kommen.*

## SKORPION

*Glückwunsch, junge Dame! Seit Jahren versuchst du erfolglos, die Welt von einem deiner theoretischen Talente zu überzeugen, aber dich das eine Mal auf Malle von Bohlen bumsen lassen, bringt dir im Juli endlich den Durchbruch. Die Single danach wird zwar ein Flop, aber die Promi-Boulevardmagazine lieben dich und geben dir einen Dreijahresvertrag für alle sinnlosen bunten Doofenfilmchen mit wenig Sachen an und Titten raus, die sonst kein Schwein machen will. Den Heiratsantrag von Prinz Foffi inkl. Bunte-Foto-Shooting und Doku-Soap solltest du im November allerdings besser ablehnen.*

Worte

## SCHÜTZE

*Strike! Die nächste große Naturkatastrophe hat der liebe Gott nur für dich gemacht! Während der Rest der Welt seine Zeit noch mit Anteilnahme und Betroffenheit über die vielen Opfer dieser unfassbaren Tragödie verschwendet, sicherst du dir schon die Exklusivrechte daran und engagierst ein paar arbeitslose Telenovela-Autoren für das Drehbuch. Nicht vergessen: Hauptrolle Heino Ferch! Nach Ablauf des moralischen Trauerjahrs wird dein TV-Movie der Quotenhit im Weihnachtsprogramm. Des einen Leid ist halt des anderen Freud! Aber, don't worry, du hast ein großes Herz: Ein Euro jeder Million geht an Unicef.*

## Steinbock

*Das Jahr fängt für dich nicht gerade toll an, aber nach einer ziemlich mittelmäßigen Phase wird es gegen Ende noch mal richtig Scheiße. Im Sommer erwartet dich eine tolle Woche voller Überraschungen, aber leider bist du da gerade im Urlaub. Uranus, Bohlen und Soost im zweiten Haus versauen dein Casting, aber mit ein bisschen Heulen, Schreien und illegalen Drogen (kein Sport!) bleibt vielleicht nur ein lebenslanges Trauma. Wenn du absolut talentfrei bist (Aszendent Loth) und deinen Mitmenschen gern auf die Nerven gehst, bewirb dich doch bei einem Call-in-Sender (Astrologie oder Telefon-Quiz). Glückstag: 17. März, zwischen halb eins und eins.*

# FREIWILLIGE SELBSTAUFGABE

Wenn man dem alten Goethe glauben darf, so verkaufte einmal vor langer Zeit ein eigentlich kluger, aber frustrierter Gelehrter namens Faust seine Seele dem Teufel, um dafür im Gegenzug auf Erden ein bisschen mehr Fun und Lässigkeit zu erfahren. Wie wir in der Schule lesen mussten, ging das gehörig in die Hose, und relativ lange hat man vom alten Seelensammler Mephistopheles auch keine weiteren öffentlichen Kaufgesuche mehr mitbekommen. Wahrscheinlich, weil die Hölle bereits voll ist und er seine Prioritäten inzwischen verlagert hat: Seelen nicht mehr erwerben und behalten, sondern brechen, verspotten und drauf pissen. Zu diesem Zweck hat er dann das Fernsehen erfunden.

Inzwischen gibt es für das nach Demütigung schmachtende Individuum keine einfachere Möglichkeit mehr, sich bei Freunden, Feinden und Familie garantiert auf alle Ewigkeit lächerlich und bereits das Leben auf Erden zur vorgezogenen Hölle zu machen, als ein Reality-Auftritt im TV. Von diabolischen Kräften mit der Aussicht auf eine Messerspitze Ruhm und schale Kurzzeitanerkennung geködert, bewerben sich die Tele-Lämmer freiwillig zu Tausenden und laufen fröhlich blökend in die Studios. Freudig legen sie sich selbstständig auf den redaktionellen Opferstein, entblößen öffentlich ihre Seelen und lassen sich diese zertrampeln, um dann benutzt und verlacht im Schlamm des Sendeabfalls liegen gelassen zu werden. Und das Schöne dabei: Sie haben auch noch selber Schuld! Denn im Grunde kann niemand Dieter Bohlen einen Strick daraus drehen, dass er fehlgelei- Worte teten Talentzombies mit degenerierter Selbsteinschätzung bei DSDS ehrlich sagt, dass sie scheiße singen. Genauso wenig wie dem Publikum, das den natürlichen Instinkten folgend über sie lacht. Vielmehr dem Sender, der sie auf diese Plattform gelockt und ihnen nach der internen Vorauswahl auch noch Mut gemacht hat, sich überhaupt dem Jury-Triumvirat plus Kameras zu stellen, anstatt sie barmherzig und möglichst unbemerkt zu ihrem eigenen Schutz wieder zurück nach Hause zu schicken. Ebenso wie den Eltern, Freunden und Pflegern, die nicht versucht haben, sie von der massenmedialen Menschenwürden-kastration abzuhalten.

Doch welcher Schalter im Gehirn wird da eigentlich umge-
schaltet und schickt den noch vorhandenen Restverstand in
den Winterschlaf, wenn man sich entscheidet, bei einer dieser
Sendungen mitzumachen? Wie kommt es zu solch fatalen Ver-
zerrungen des eigenen Spiegelbilds und der generellen Wirk-
lichkeitswahrnehmung, wenn man glaubt, man selbst könnte
weniger peinlich als all die anderen Knalltüten zuvor rüberkom-
men und als Einziger die Klippen der Schmach durch die eigene Coolness umschiffen? Welche Kavallerie des Irrsinns reitet
durch den Schädel, wenn man sich beispielsweise für Schlüs-
selreiz auf ProSieben bewirbt und einer blöden Singleziege plus
grinsender Begleitmoderationsbluse erlaubt, vor laufender Kamera eine Hausdurchsuchung plus Schubladenschau in der eigenen Wohnung durchzuführen? Nur um von dem impertinenten
Schnittenduo die eigene Muffelbutze nach Sauberkeit, Stil und
Erotikfaktor bewerten zu lassen, um dann vielleicht ein Date
mit der neugierigen Kuh zu gewinnen! Von solch blöden Bür-
gern wagt der Verfassungsschutz nicht mal zu träumen.
Oder das neuere Highlight der Eigendummheitspräsentation
Die Wahrheit und nichts als die Wahrheit auf RTL II. Wo man,
an einen Lügendetektor angeschlossen, persönliche Fragen beantworten muss und am Ende dann vor dem feist grölenden
Publikum herauskommt, dass die erste Kandidatin ein behin-
dertes Kind abtreiben lassen würde, ihre Verwandtschaft hässlich findet, schon mal in die Badewanne gekackt hat und sich
selbst für die Klügste in der Familie hält. Wahrscheinlich weil
alle anderen noch so doof sind, ins Klo zu scheißen. Gewonnen
hat sie nichts und somit noch nicht mal Geld, um sich neue Bekannte zu kaufen. Aber dafür wird man sie wahrscheinlich ganz
umsonst ein Leben lang hinter ihrem Rücken auslachen. Auch
ein Service, den nicht jedes Medium bieten kann.

# MIT DEM ZWEITEN
# SIEHT MAN ÄLTER

Die neuesten Untersuchungsergebnisse haben es bewiesen: Das ZDF hat ein massives Problem mit der Überalterung seiner Zuschauer. Nur noch erbärmliche 5,7% der 14- bis 49-Jährigen, jener für die medienwirtschaftliche Evolution allein bedeutsamen Kerngruppe der Programmbenutzer, schalten noch mehr oder weniger regelmäßig zum Zweiten. 14% davon nur unter Protest, 32% aus Versehen, 11% aus Angst, sonst von den Urgroßeltern enterbt zu werden, 18%, weil der Rest der Fernbedienung nicht mehr funktioniert, und 10% auf ärztliche Anordnung zur Unterstützung nervenberuhigender Psychopharmaka. Die restlichen 15% befinden sich laut Studie im künstlichen Wachkoma oder sind verstorben, ohne dass sie vorher abschalten konnten.

Dies schlechte Erlebnis liegt nach Meinung der Experten zum Teil an den antik bis prähistorisch anmutenden Inhalten des Senders, was jüngst entdeckte erotische Höhlenmalereien von Carmen Nebel und Dieter Thomas Heck aus dem Pleistozän zu bestätigen scheinen. Ebenso wie die kürzlich gemachte Aussage von Steven Spielberg, das Programm des ZDF sei seine Inspiration für den Film Jurassic Park gewesen.

Der Sender selbst kann diese Argumentation keineswegs nachvollziehen, hat er sich nach eigener Einschätzung in den letzten Jahren doch eher in Richtung trendy-coolen Jugendfunk entwickelt, man beachte nur die kurzzeitige Ausstrahlung von Bravo-TV im samstäglichen Spätnachtprogramm oder die verrückte Frühstücks-Show „Volle Kanne" zur Mittagszeit, bei der sogar live im Fernsehen Brötchen geschmiert werden. Zusätzlich wurde nach nur 17

Jahren die gesamte Besetzung des Forsthauses Falkenau ausgetauscht und durch beinahe jüngere Schauspieler ersetzt. So muss modernes Fernsehen aussehen!

Auch so abgedreht schelmische Frechdachse wie Kerner oder Gottschalk, der ob seiner Craziness vor zwanzig Jahren bei Wetten dass ... nachgewiesenermaßen sogar mal Beschwerdeanrufe bekam, sprechen für eine klare Ausrichtung zur jugendlichen Zuschauerklientel hin. Formate wie „Das Traumschiff" oder „Lustige Musikanten" sind gar so infantil, dass sie vielmehr nach unten aus der Zielgruppe rutschen. Nicht zu vergessen die irre Image-Kampagne, bei der alle möglichen Superpromis versuchen, sich selbst mit zwei Fingern ein Auge auszustechen. Schade nur, dass man die andere Hand mit dem Daumen im Hintern meist nicht sehen kann.

„Das ZDF ist voll im Trend, Unterhaltung am Puls der Zeit, vielleicht nicht der jetzigen, okay, aber es ist immer noch mobil, kann sich alleine waschen und anziehen und ist so spritzig, dass es staubt. Fuck!" lautet der unbestätigte Kommentar eines Mitarbeiters aus der Chefetage. „Wenn wirklich noch jüngere Moderatoren als Joachim Bublath, Ingo Nommsen oder Michael Steinbrecher gefordert werden, müssten wir demnächst Sperma vor die Kamera stellen!"

Ähnliche Probleme wie die ewig Zweiten scheinen neuerdings auch SAT.1 und der Power-Marktführer RTL zu spüren, denn deren Marktwerte bewegten sich in den letzten Monaten ebenfalls mehr und mehr weg von der angepeilten jung-dynamisch-besserverdienenden Zielgruppe hin zu den alten angeranzten Hümpeln ohne Kohle und ohne Zukunft. Ein Grund könnte im kürzlich bekannt gewordenen generellen Älterwerden der meisten Menschen liegen, das den Analysten und Beratern der meisten Sender vorher nicht bekannt war und nun gehörig das Konzept verhagelt. Man überlegt deshalb, in Zukunft lieber mehr Geld in die Genforschung zu investieren als mit überflüssigem Programm für das langsam verrottende Publikum zu verschleudern. Merken werden wir es jedenfalls nicht.

Worte

# KRISENZONE INHALT

Das deutsche Privatfernsehen hat Probleme, denn es hat einen gnadenlosen Feind – unbarmherzig, skrupellos und berechnend: sich selbst! Kein leichter Gegner. Ein Kampf ohne Sieger mit dem Publikum als Kollateralschaden.

Nur, was soll man tun als Sender, der durch das System in die eigene Schizophrenie gezwungen wird? Man weiß ganz genau, in erster Linie will und muss man Geld verdienen. Das funktioniert über grenzlegale Zuschaueranimation für teure Telefonate und vor allem durch den Verkauf von Werbezeiten. Andererseits liegt immer irgendwo eine Menge stinkend-störender Programminhalte auf dem Boden herum, die ebenfalls irgendwie weggesendet werden müssen. Wenn auch nur als freudlos geduldete Tapezierfläche, denn der Pilz würde inzwischen am liebsten auf seinen lästigen Wirt verzichten, doch leider ist der TV-Nutzer in seiner Forderung nach „Unterhaltung" bisweilen recht uneinsichtig. Obwohl sich die Sender nun wirklich schon seit Jahren alle Mühe geben, ihm zu zeigen, dass man da von ihnen nicht viel Erfreuliches zu erwarten hat.

Also begann man irgendwann, das lästige Übel „Inhalt" einfach so weit als nuttige Litfaßsäule zu prostituieren, bis auch der letzte bewusste Zuschauer keinen Bock mehr auf die Institution Fernsehen hatte. Einst unterbrachen ein bis drei blasenfreundliche Werbeblocks den Sendeablauf, das war nicht schön, aber zumindest fair. Heute werden ohne Rücksicht auf Verluste wahllos Logos, Infos und Minispots reingeschoben, rangeklebt, dazwischengehobelt und drübergebügelt, dass der darunterliegende Programmrest kaum noch zu erkennen ist. Als größte Pest von allem erweist sich hierbei nicht der Kunde von außen, sondern die jeweilige Abteilung für hausinterne Programmpropaganda. Mit hitleresker Respektlosigkeit lässt man von dort aus Armeen von überflüssigen Sendungshinweisen in die Formate einmarschieren, als handle es sich um Polen 1939. Doch wie groß das Grauen und die intellektuelle Katastrophe auch sein mögen, wir alle schauen zu, niemand tut etwas und die UNO legt die Hände in den Schoß.

Die Verantwortlichen verüben ihre Schandtaten bei Tageslicht und in vollem Bewusstsein, denn jeder weiß, dass kein noch so wenig denkender Mensch im spannendsten Moment unlustig hereinhüpfende Armleuchterfigürchen sehen will, die winken und zu lauten Plings! und funny Soundeffects darauf hinweisen, dass im Anschluss noch live das große Promi-Schweinerennen stattfindet, morgen die neue Staffel von Germanys next Arschgesicht steigt oder man sich Kader Loths letzte Brust-OP als Handyfilm runterladen kann.

Andere Sender verschönern das Bild gar gleich durch beherzte Verkleinerung, damit an den Seiten Laufbänder mit Chart- und Katastrophen-Infos oder SMS-Grüße von soziophoben Kartoffelhirnen laufen können.

Mein Vorschlag: Wir versprechen, uns täglich eine halbe Stunde lang Produktinformationen allein ohne Film drum herum anzuschauen und überweisen monatlich 5 Euro freiwillige Beschiss-Schutzgebühr. Und dafür lasst ihr uns endlich in Ruhe und setzt nicht mehr eure ekelhaft stinkenden Kackhaufen auf den letzten Rest erträgliches Programm, okay?

# STILLSTAND IST DER NEUE FORTSCHRITT

Heute ist es an der Zeit, einmal unsere tollen öffentlich-rechtlichen Sender zu loben. Schluss mit der unfairen Meckerei über ihre altbackene Politik des volkseinschläfernden Koma-Entertainments! Oder über die starrsinnige Unlogik der zunehmend irrwitziger werdenden Begründungen für die Rundfunkgebühren sowie die damit verbundenen Geldeintreibermethoden mit Kredithai-Flair. Irgendwann muss man sich an staatlich geduldete Ungerechtigkeiten auch einfach mal lächelnd gewöhnen und sie als Freunde umarmen.

Nein, ich möchte an dieser Stelle Dank sagen. Für die verlässliche Beständigkeit, die treue Verbundenheit zum Altbewährten und zum stolzen Anerkennen des kreativen Stillstands als Form der vertikalen Weiterentwicklung. ARD und ZDF sind, zumindest was den Bereich leichte Unterhaltung, Show, Comedy und Infotainment angeht, der charmant moosbewachsene Fels in der Brandung der unangenehmen Veränderungen, eine Art Evolutionsverweigerer aus Gewissensgründen. Dies müssen wir endlich als Geschenk und Chance akzeptieren. Erst musste ich beispielsweise krampfartig schmunzeln, als ich letztens in der Vorweihnachtszeit lesen durfte, dass der mdr, quasi der Tyrannosaurus Rex im Jurassic Park des Ersten, eine brandneues Showkonzept ankündigte namens „Das Weihnachtsfest der Volksmusik". Ganz verrücktes Format (Volksmusikzombies singen passende Lieder zur Weihnachtszeit, dazwischen das unvermeidliche Fernsehballett und eine tanzende Kuh, moderiert von Stefan Mross) und keinesfalls zu verwechseln mit dem vollkommen andersartigen „Frühlings-/Sommer-/Herbst-/Winterfest der Volksmusik" (Zombievolksmusiker singen Lieder passend zur Jahreszeit, dazwischen die unvermeidliche tanzende Kuh und das Fernsehballett, moderiert von Florian Silbereisen).

Klar, im ersten Moment denkt man kurz an Verarschung oder einfach Geisteskrankheit, aber wenn man weiterforscht und die einzelnen Puzzleteile zusammensetzt, erkennt man langsam das geniale Gesamtbild. Jede einzelne wahnsinnig erscheinende Entscheidung der Öffi-Rechtlis macht irgendwo fast so etwas wie Sinn!

Das lebende Neutrum Florian Silbereisen, körperlich ältester Berufsjugendlicher und mental jüngster Frührentner der Welt, als Jugendspritze der ARD. Ein Blick auf die Gästeliste einer durchschnittlichen Samstagabendshow hingegen liest sich wie ein Gang durchs Naturkundemuseum. Das ZDF kauft nach und nach die farblosesten RTL-Gesichter auf und schickt sie in das hauseigene Moderationshospiz, die noch vorhandene Restlockerheit wird schon noch rausgeprügelt oder stirbt irgendwann von selbst. Das Erste holt sich die 50-jährige weinerliche Heulglatze Bruce Darnell ins Vorabendprogramm, um mit ihm den exakt gleichen Scheiß zu machen wie unzählige Privatsender zuvor, nur noch schlechter und schnarchiger.

All diese Beispiele zeigen den genialen Masterplan: Bloß keine Veränderungen! Niemals!!! Neue Ideen sind das Gift des Bewährten! Der Titel Nachwuchsmoderator darf erst nach 40 Jahren Berufserfahrung angewandt werden! Der Statusquo der Unterhaltung muss mit allen Mitteln auf dem gefühlten Stand von 1968 gehalten werden, das war damals eine total progressive Zeit und reicht vollkommen als Annäherung zum modernen Zeitgeschehen.

Das kreative Endziel ist die bequeme katatonische Lähmungsstarre. Stillstand ist der neue Fortschritt! Und wenn man nur schnell genug still sitzt, sieht es fast so aus, als hätte man sich bewegt. Denn wenn man nur eilig genug rückwärtsläuft, kann man sogar die überholen, die geradeaus gehen. Hauptsache, man rennt immer nur im Kreis!

# WARM UMS BEIN
(Der Text zum Fest)

Es ist schon seltsam. Alle Jahre wieder zur Winterszeit steht Weihnachten vor der Tür, das Fest der Liebe und der Freude und des
Wohlgefallens ... doch je näher es rückt und je genauer ich meine
erwartungsvoll geschmückte Umwelt betrachte, desto mehr fühle
ich mich, als würde mir der spitze Lumpi des Nachbarn schwanz-
wedelnd und geilhechelnd die Stelze in Richtung Kniekehle hin-
aufruckeln. Das Herz bleibt kalt, aber das Bein wird immer wärmer,
und irgendeine kleine Stimme in mir sagt: Vorsicht – da will dich
gerade einer ficken!

Und auch wenn der hormonell überreizte Onanier-Lassie beim
Schienbeinschubbern so unschuldig guckt, als wolle er eigentlich
nur meine Hose bügeln – ich weiß genau, was der blöde Hund in
Wirklichkeit will! Für ihn bin ich in dieser Situation nichts als ein
fleischgewordenes Tischbein, kurz angerammelt und gleich danach
wieder vergessen, ein seelenlos missbrauchtes Sexobjekt.

Genau dieses Gefühl habe ich auch in der Vorweihnachtszeit. Ich
trau dem Frieden einfach nicht. Ganz plötzlich geben sich alle
Leute so unangenehm freundlich, lächeln ungefragt und heucheln
Interesse an ihren belanglosen Mitmenschen, bevor sie pünktlich
zum Ende der Feiertage ihre Ego-Automatik wieder übergangslos
in den bewährten Arschlochmodus zurückschalten.

Die schmalzbackigen Aufblasmoderatoren der Boulevardmagazine
schnitzen sich ihre jahreszeitlich bedingte Betroffenheitsfurche
in die Stirn der hohlen Labermurmel und appellieren an Gefühle,
die sie höchstens noch aus den eigenen Programmtrailern kennen. Sämtliche TV- und Radiostationen wetteifern gierig um das

furchtbarste und ergreifendste Schicksal, das sie in ihrer Güte präsentieren und betreuen können, um dem Publikum zwischen den Werbeblöcken quotenträchtig ihre Nächstenliebe zu beweisen. Sämtliche Hilfsorganisationen der Erde sind gezwungen, sich in wenigen Wochen penetrant den Wolf zu betteln, um durch die kurzlebige saisonale Spendenlaune der Bevölkerung wenigstens halbwegs deren vollkommene Ignoranz in den elf übrigen Monaten auszugleichen.

Wieso eigentlich die ganze Mühe? Weshalb schlurft man auf den Weihnachtsmarkt, tut Nelken und Süßstoff in den Wein und macht ihn warm, wenn man sich doch viel billiger mit einem Hammer auf die Rübe hauen kann, wenn man Kopfschmerzen möchte? Und warum wagt kaum jemand, sich im Dezember einfach genauso scheiße zu verhalten wie den Rest des Jahres? Aus Angst, Big Brother Weihnachtsmann könnte das mitkriegen und doch noch eins der Geschenke aus dem Sack nehmen, wenn er die Wahrheit über einen erfährt? Da klemm ich mir doch lieber wieder einen Dackel an die Wade. Trotzdem: frohe Weihnachten! Möglichst das ganze Jahr über.

# GESCHAFFT,
# WIR SIND BLÖD!

Seltsame Dinge geschehen dieser Tage auf unseren Fernsehkanälen... Plötzlich erscheinen hier und da Programme, die irgendwie gar nicht ganz so furchtbar sind wie der lieblos dahingerotzte Rest. Manche davon bekommen sogar Lob von den Kritikern. Zuschauer freuen und unterhalten sich über diese Formate, manche lächeln dabei gelegentlich. Viele jener Produktionen erhalten zudem Preise und Auszeichnungen, und man erzählt sich, es gäbe einige verantwortliche Redakteure, die heimlich zugeben, diese ihre Programme gefielen ihnen sogar selber. Das sind natürlich nur Gerüchte. Namen werde ich nicht nennen, sonst wären ihre Jobs gefährdet.

Fast könnte dies alles Grund zu einem zarten Hauch unverbindlicher Zuversicht sein, aber leider legt sich ein düsterer Schatten über die vermeintlich positive Entwicklung. Denn gerade jene Formate leiden unter massiver Quotenfäulnis. Die repräsentativ ausgewählten Stimmungsbarometertierchen mit Messgerät schalten sie einfach nicht ein und meiden diese fruchtbaren Qualitätsinseln im verdorrten Tele-Sumpf aus intellektuell verrottendem Sendemüll wie die Pest. Überhastete Absetzungen sind die Folge, Verschiebungen ins Nachtprogramm und schmerzvolle Senkungen der Werbepreise. Eine neue Langzeitserie, die zumindest drei Folgen on Air bleibt, gilt inzwischen schon als Erfolg.

Warum nur nimmt das sonst ewig über das Drecksprogramm maulende werberelevante Zielgruppengekröse diese hingeworfenen Brocken Erträglichkeits-Entertainment jetzt nicht freudig an und sagt einfach „Danke schön"?

Die Antwort ist ganz einfach: Wir haben es geschafft! Die seit Jahren wirkende flächendeckende mediale Verblödungskampagne war erfolgreich. Applaus, Applaus – es hat funktioniert! Die Menschen, die früher gerne fernsahen und sich mit Freude von ihrem Medium unterhalten ließen, schalten ab, kaufen DVDs oder greifen gar zu einem „guten Buch", und sei es nur eins zum Ausmalen. Das Vertrauen an das Fernsehen ist dahin. Wer noch einschaltet und an Besserung glaubt, ist selber schuld.

Der Rest der Zuschauer ist schleichend umerzogen worden. Er gibt sich jetzt endlich auch mit bewegtem Nichts zufrieden. Vielmehr noch, er kann ein echtes Geschenk nicht mehr von einem Furz mit Schleife unterscheiden. Das kollektive Geschmacksempfinden ist auf Sparflamme gedrosselt worden, die intellektuelle Aufmerksamkeitsspanne liegt unter der eines hyperaktiven Dreijährigen. Wer ein paar Wochen und Monate mit Gerichtsshows, Quiz-Night und Astro-TV verbracht hat, ist einfach nicht mehr in der Lage, komplexen Inhalten mit mehr als einem linearen Handlungsstrang zu folgen.

Regelmäßige Stromschläge oder permanentes Komasaufen töten die Gehirnzellen genauso, nur vielleicht nicht ganz so schnell. Wer täglich bei McDonald's isst, wird irgendwann auch beim Nobel-Italiener nach Ketchup fragen oder sich Süßstoff in den Rotwein tun, so ist das nun mal. Das nennt man Konditionierung, und das hat Vor- und Nachteile. Irgendwann hat sich der alte Pawlow wahrscheinlich auch darüber geärgert, dass sein dummer Köter immer aufs Sofa sabberte, wenn der Postbote klingelte, aber hey – Erfolg ist Erfolg! Lehnen wir uns also zufrieden zurück und seien wir dankbar über die anerzogene Ignoranz des Publikums. Auf dass wir auch in Zukunft ins Wohnzimmer kacken und behaupten können, Mutti hätte 'nen Kuchen gebacken! Glückwunsch!

# ES IST NICHT
# ALLES SCHLECHT

... und deshalb ganz am Ende, ganz ernst und ironiefrei, bemüht, aber garantiert unvollständig, nach all dem Gemecker meine ganz persönlichen TV-Tipps für wundervolle Fernsehstunden. Alles Serien, die mir persönlich die Freude am Fernsehen wiedergegeben haben. Die meisten sind ganz einfach als englische DVDs zu bestellen, die meisten gibt es sogar bereits in Deutsch, wenn auch nicht immer empfehlenswert (aber die Untertitel helfen – auch die englischen!). Wer mir vertraut, darf sie gern probieren und mir später danken. Diese Empfehlungen sind wie immer ohne Gewähr.

## Comedy

- *THE OFFICE (Das UK-Original von Stromberg mit Ricky Gervais, genial!*
  *Auch gut: die US-Version mit Steve Carrell!)*
- *EXTRAS (Das Nachfolgeprojekt, mindestens genauso großartig!)*
- *DIE SIMPSONS / FUTURAMA (Muss ich noch was sagen?)*
- *ARRESTED DEVELOPMENT (die Simpsons als Realfilm)*
- *LITTLE BRITAIN (Fantastisch, irgendwo zwischen Monty Python & Frühstyxradio. Zum Einstieg auch in der deutschen Version sehr zu empfehlen – ich weiß, wovon ich rede!)*
- *GARTH MARENGHI'S DARKPLACE (Die beste schlechte 80er-Jahre-Fake-Mystery-Serie aller Zeiten! Zum Niederknien!)*
- *MAN TO MAN WITH DEAN LEARNER (der großartige Spin-off zu Garth Marenghi als Late-Night-Talk!)*

- *SPACED (Frühwerk von den Machern von SHAUN OF THE DEAD und HOT FUZZ – und keinesfalls schlechter!)*
- *THE LEAGUE OF GENTLEMEN (Monty Python trifft Twin Peaks)*
- *MONTY PYTHON'S FLYING CIRCUS (Die größten Comedians der Welt. Sind uns auch nach knapp 40 Jahren teilweise immer noch 50 Jahre voraus.)*
- *FAWLTY TOWERS (Nur 12 Folgen, aber wahrscheinlich eine der besten Comedy-Serien aller Zeiten!)*
- *BLACKADDER (Vor allem die Staffeln 2 bis 4. Lange vor Mr. Bean zeigt Rowan Atkinson, was für ein begnadeter Comedian er eigentlich sein könnte!)*

### Shortlist – Comedy:

*BLACK BOOKS (unbekannt, aber lohnenswert), FRASIER (Arroganz trifft Selbstüberschätzung, auch auf Deutsch klasse!), MALCOLM MITTENDRIN, SCRUBS, SEINFELD, CURB YOUR ENTHUSIASM*

## Thriller, Drama & Co.

- *24 (Sehen und süchtig werden, es gibt nichts Besseres! Meine Favoritenliste der ersten 6 Staffeln: 2 – 5 – 1 – 4 – 3 – 6. Aber unbedingt in der Original-Reihenfolge ansehen!)*
- *LOST (Verdammt, sie kriegen mich jedes Mal wieder! Thriller-Soap-Mystery-Mix vom Feinsten.)*
- *PRISON BREAK (Auch wenn mir gerade die beiden Hauptdarsteller etwas zu übertrieben cool sind – hier gibt es die spannendsten Plots und besten Twists seit 24!)*
- *DEADWOOD (Vergessen Sie Bonanza! Die Entstehung der USA und des Kapitalismus als großes Drama im Shakespeare-Format. Das Ende und der Neuanfang des Westerns.)*

- *DIE SOPRANOS (Ein großes Meisterwerk, vom ZDF getötet. Unbedingt im Original sehen!)*
- *SIX FEET UNDER (dramatisch, bizarr und herzergreifend)*
- *ROM (So macht Geschichte endlich wieder Spaß!)*
- *FÜR ALLE FÄLLE FITZ (Vielleicht die beste psychologische Krimi-Drama-Serie, die je gedreht wurde.)*

## Shortlist – Thriller, Drama & Co.:

*DEXTER (auch der Roman ist sehr zu empfehlen), BOSTON LEGAL (für alle Fans guter Anwaltsserien), LIFE ON MARS (englischer Polizist von heute gefangen in den 70ern – coole Idee!), HOUSE, THE WEST WING, THE WIRE, WAKING THE DEAD, DIE METHODE TONY HILL*

## SCIENCE-FICTION/FANTASY:

- *STAR TREK (Ich wuchs auf mit Kirk & Spock, wurde aber mit Picard, Sisko und Janeway älter. Hut ab vor der Leistung, solch ein gigantisches eigenes Universum zu erschaffen!)*
- *DOCTOR WHO (Klassiker aus England erlebt seine großartige Wiedergeburt mit Christopher Eccleston und David Tennant. Fantastisch durchgeknallte Sci-Fi-Comedy mit dem Charme der ersten STAR-TREK-Staffeln. Nicht ernst nehmen – genießen!)*
- *FIREFLY (Sie flogen leider nur eine Staffel, aber danach gabs noch den tollen Abschluss-Spielfilm SERENITY! Sci-Fi-Western-Mix voller Ideen und toller Charaktere!)*
- *AKTE X (Mulder & Scully veränderten das Bild der TV-Serien für immer, dafür Danke!)*

## Shortlist – SCIENCE-FICTION/FANTASY:

*BATTLESTAR GALACTICA (die Neuauflage!), BABYLON 5 (ab Staffel 2), HEROES, BUFFY/ANGEL (wirklich nicht nur für Teenager!)*

## KLASSIKER & KINDHEITSERINNERUNGEN:

-   *MIT SCHIRM, CHARME & MELONE (THE AVENGERS/John Steed & Emma Peel waren letztendlich schuld an meiner ewigen Liebe zum Fernsehen, zu England und jeder Art von bizarren Geschichten. Und sie werden auf ewig meine Favoriten bleiben!)*
-   *DIE ADDAMS FAMILY (Heute etwas antiquiert, aber für die 60er Jahre pure Anarchie! Neben den Simpsons meine absolute Lieblingsfamilie!)*
-   *MOONLIGHTING (Eine der besten Romantik-Krimi-Screwball-Comedy-Serien aller Zeiten im typischen 80er-Look! Bruce Willis im Original ist übrigens sehr zu empfehlen.)*
-   *TWIN PEAKS (Zumindest bis zur Enthüllung des Mörders von Laura Palmer eine der faszinierendsten Krimi-Mystery-Soaps der TV-Geschichte.)*

### *Shortlist – KLASSIKER & KINDHEITSERINNERUNGEN:*

*MAGNUM (der einzige entschuldbare Serien-Schnauzbart!), THE A-TEAM (so schlecht, dass es schon wieder cool ist!), DIE PROFIS, EIN COLT FÜR ALLE FÄLLE, COLUMBO, REMINGTON STEELE, BEZAU-BERNDE JEANNIE, MINI-MAX*

## DEUTSCHE PRODUKTIONEN (Shortlist):

*STROMBERG, PASTEWKA, DITTSCHE, LORIOT, FAST WIA IM RICHTIGEN LEBEN (Gerhard Polt), SWITCH*

## VIEL SPASS BEIM FERNSEHEN!!!

Worte

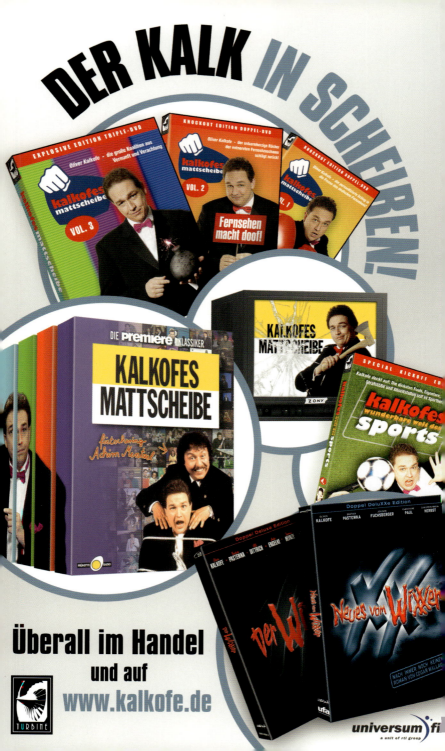